Carolin Philipps

Martin unter Druck

AF204610

Hase und Igel®

Für Lehrkräfte gibt es zu diesem Buch
ausführliches Begleitmaterial beim Hase und Igel Verlag.

© 2004 Hase und Igel Verlag GmbH, München
www.hase-und-igel.de
Gesamtgestaltung: Karla Hendel
Druck: Grafisches Centrum Cuno GmbH & Co. KG

ISBN 978-3-86760-028-6
10. Auflage 2024

Warum mussten Lehrertaschen nur so viele Fächer haben? Die große Pause war jeden Moment zu Ende. Und dann würden seine Mitschüler in die Klasse stürmen. Fieberhaft durchwühlte Martin ein Fach nach dem anderen in der braunen Ledertasche. Mathebuch, Matheübungsaufgaben, die Arbeitshefte der 7a, das verhasste rote Buch, in dem alle Noten – auch die Fünfen, die er in den letzten Monaten in Mathe geschrieben hatte – sorgfältig notiert waren.

Endlich! Die blaue Plastikmappe mit den Aufgaben für die morgige Mathearbeit.

In der letzten Stunde hatte Herr Borchert die Mappe hochgehalten und gesagt: „Hier sind sie drin, die Aufgaben. Da könnt ihr morgen beweisen, was ihr gelernt habt."

Martin hatte die blaue Mappe angestarrt und sich gewünscht magische Augen zu haben, mit denen er durch die Mappe hindurch die Aufgaben erkennen könnte.

Kurz bevor es zur Pause klingelte, war ein Kollege gekommen und hatte Herrn Borchert aus der Klasse geholt. Einem Schüler war schlecht geworden, Herr Borchert sollte helfen, ihn in den Erste-Hilfe-Raum zu bringen. Er gab seiner Klasse noch schnell eine Aufgabe und verließ eilig den Raum, ohne seine Tasche mitzunehmen.

Als es zur Pause klingelte, stand die Tasche immer noch da. Während seine Mitschüler nichts Eiligeres zu tun hatten, als auf den Schulhof zu rennen, blieb Martin auf seinem Platz sitzen. Ihm war plötzlich die rettende Idee gekommen.

Er hatte gewartet, bis alle seine Klassenkameraden rausgegangen waren. Dann war er zur Tür geschlichen und hatte den Gang entlanggespäht. Niemand zu sehen. Er hatte leise die Klassentür geschlossen und war zum Pult gegangen.

Und jetzt hielt er die blaue Mappe mit den Aufgaben in der Hand. Mit zittrigen Fingern holte Martin die beiden Zettel heraus und überflog sie. Bruchrechnung, Prozentrechnung, eine Geometrieaufgabe. Einmal quer durch die Mathematik, so wie Herr Borchert das immer in der letzten Arbeit vor den Versetzungskonferenzen machte: „In dieser Arbeit könnt ihr beweisen, dass ihr im vergangenen Schuljahr mathematisch vorwärtsgekommen seid.“

Diese letzte Arbeit wurde von allen Schülern gehasst, weil man den Stoff des ganzen Jahres beherrschen musste und es meist zu spät war, um alles zu wiederholen. Und so war auch diesmal ein allgemeines Stöhnen durch die Reihen gegangen, als Herr Borchert die Arbeit angekündigt hatte.

„Wie sollen wir das bis morgen schaffen?", jammerte selbst Jan, der in allen Fächern zu den Besten gehörte und eigentlich vor keiner Arbeit Angst haben musste. Für ihn ging es nur darum, ob er mal wieder eine Eins oder „nur" eine Zwei schreiben würde.

Herrn Borchert kümmerten die Proteste seiner Schüler wenig. „Für diese Arbeit muss niemand etwas neu lernen", meinte er nur. „Entweder ihr könnt es, weil ihr in den letzten Monaten aufgepasst habt, oder ihr könnt es nicht – und dann ist es zu spät, um bis morgen alles aufzuholen."

Das war genau das Problem, dachte Martin, während er versuchte, sich Themen und Aufgabenstellung auf den Arbeitszetteln so genau wie möglich einzuprägen.

Leise vor sich hin murmelnd ging er Aufgabe für Aufgabe durch. „$\frac{3}{5} \cdot \frac{7}{9}$; $\frac{15}{3} + \frac{13}{4} + \frac{5}{6}$; … gemeinsamen Nenner suchen … Wenn Boris im Jahr von seinem Taschengeld 76 Euro spart, wie viel Prozent …?" So viel Mühe wie jetzt hatte er sich in den letzten Wochen in der Schule selten gegeben.

Zwei Minuten blieben ihm noch bis zum Klingelzeichen. „Zeichne ein Quadrat, bei dem die Hypotenuse …"

Es klingelte. Ein letzter Blick auf die Zahlen, dann legte er die Zettel hastig in die Plastikmappe zurück und zog das Gummiband darüber. Geschafft. Jetzt das Ganze zurück in die Tasche und dann …

Eilige Schritte auf dem Flur. Die Schritte kamen immer näher. Martin stand wie erstarrt. Er brauchte nur noch die Mappe in die Tasche zu legen, aber seine Hände waren auf einmal steif und ließen sich nicht mehr bewegen.

Die Tür wurde aufgerissen und ein Mädchen stürmte in die Klasse. Nach einigen Schritten blieb sie wie angewurzelt stehen und starrte Martin, der noch immer die blaue Mappe in der Hand hielt, für einen Moment ungläubig an.

Martin wünschte sich ein Loch im Boden, um darin zu versinken. Erst in diesem Moment wurde ihm so richtig klar, was er da gemacht hatte und welche Folgen es haben konnte. Und ausgerechnet Mandy musste ihn erwischen!

Martin stand immer noch sprachlos da, als Mandy auf einmal anfing schallend zu lachen. „Das glaub ich einfach nicht! Unser Fußballstar durchwühlt heimlich fremde Taschen."

Sie kam zu ihm ans Pult. „Was haben wir denn da?" Mit diesen Worten riss sie Martin die blaue Mappe aus der Hand.

„Die Mathearbeit für morgen?" Wieder lachte sie. Es war ein hässliches Lachen, das in Martins Bauch wehtat.

„Na, du hast Mut! Was, glaubst du, wird der Borchert sagen, wenn ich ihm das hier zeige?" Mandy tänzelte um Martin herum und wedelte mit der Mappe vor seinem Kopf.

„Gib das her! Das darfst du nicht! Bitte!" Verzweifelt streckte Martin die Hände aus.

Aber Mandy tanzte weiter und hielt dabei triumphierend die blaue Mappe mit den Matheaufgaben in die Luft.

Von draußen hörten sie den Lärm der heranstürmenden Mitschüler. Martin wurde blass, Mandy dagegen blieb völlig cool. Sie lief zum Pult, stopfte die Mappe in die Tasche, verschloss sie wieder und zog Martin in den hinteren Winkel des Raumes. Sie stieß ihn auf einen Stuhl und schwang sich selbst auf den gegenüberliegenden Tisch.

„Bleib locker, Mann!", zischte sie ihm zu. „Erzähl mir was von deinem letzten Fußballspiel."

In Martins Kopf schwirrten die Gedanken durcheinander. Ihm fiel nicht ein einziger Satz ein.

Mandy sah ihn verächtlich an. „Drei Tore hast du geschossen?", rief sie dann laut und schlug ihm auf die Schulter. „Du bist ja ein toller Spieler!"

Als die Klasse in diesem Moment lachend und rufend hereinstürmte, sah es so aus, als würden sich Martin und Mandy einfach freundschaftlich über eines von Martins Fußballspielen unterhalten. Niemandem fiel etwas auf, nur Jan schaute Martin etwas verwundert an, denn mit Mandy unterhielt sich niemand aus der Klasse, wenn es sich vermeiden ließ.

Hinter dem letzten Schüler stürzte Herr Borchert durch die Tür. „Hab ich hier meine Tasche ...? Ach, da steht sie ja!"

Zu den Schülern gewandt, meinte er: „Na, ich hoffe, keiner von euch hat die gute Gelegenheit genutzt und in mein rotes Buch geschaut!"

„Na klar doch!", rief Sven aus der ersten Reihe. „Alle Noten, vor allem die Fünfen, sind gelöscht."

Herr Borchert drohte ihm lachend mit dem Finger, nahm seine Tasche und verließ die Klasse.

Mandy grinste Martin an, der mit hochrotem Kopf dasaß. „Warte nach der Schule auf mich!", zischte sie ihm zu. „Wir müssen was besprechen."

„Ich hab keine Zeit. Ich muss zum Training", sagte Martin schnell und senkte den Kopf.

Das Grinsen auf Mandys Gesicht verschwand schlagartig. „Wenn ich du wäre", sagte sie leise, aber jedes Wort sorgfältig betonend, „und ich hätte gerade die Aufgaben für die Mathearbeit geklaut, dann hätte ich auf jeden Fall Zeit. Stell dir nur mal den Bericht in der Schülerzeitung vor: Martin Hoffner – groß, schlank, braune Locken, unschuldige schwarze Knopfaugen – ein Dieb! Nicht besonders günstig, wenn man Karriere machen will, oder?"

Mit diesen Worten ließ sie ihn stehen und setzte sich auf ihren Platz.

2

Von der nächsten Englischstunde bekam Martin nicht viel mit. Wie betäubt saß er da, konnte keinen klaren Gedanken fassen und dachte immer nur: „Jetzt ist alles aus!"

Was hatte Mandy vor? Würde sie ihn bei Herrn Borchert verpetzen? Aber warum hatte sie es dann nicht gleich gemacht? Vielleicht konnte er sie ja überreden zu vergessen, was sie gesehen hatte.

„Martin, please go on reading!" Frau Meyers Stimme drang ganz leise zu ihm durch.

Martin zuckte zusammen. Er hatte keine Ahnung, an welcher Stelle im Englischbuch er weiterlesen sollte.

Frau Meyer betrachtete ihn kopfschüttelnd und schrieb etwas in ihr kleines rotes Buch. „Oh, Martin! You never pay attention!", meinte sie dann und rief Sven auf.

Martin wusste, was das bedeutete: Er hatte soeben die letzte Chance verpasst, seine Englischnote doch noch auf eine Vier zu bringen. Und alles wegen dieser blöden Mandy!

Sie saß zwei Bänke vor ihm und hatte ihren Kopf über ihr Englischbuch gebeugt. Sie war keine gute Schülerin, aber auch keine, die sich um ihre Versetzung Sorgen machen musste, wenigstens nicht in diesem Jahr.

Im Grunde wusste er nicht viel über sie. Sie war schon 15 Jahre alt, fast zwei Jahre älter als die meisten in der Klasse, denn sie hatte schon zweimal eine Klasse wiederholen müssen. Sie war ziemlich groß, hatte lange blonde Haare und lief meist in Trainingshosen herum, die sie ruhig öfter hätte waschen können. So dachten jedenfalls Martin und seine Klassenkameraden, die alle mit Mandy nicht viel anfangen konnten.

Das lag aber nicht so sehr an ihren fettigen Haaren und daran, dass niemand neben ihr sitzen wollte, weil sie nach Schweiß roch. Es lag vor allem daran, dass Mandy nicht die kleinste Spur von Interesse an ihren Klassenkameraden zeigte.

Sie saß ihre Zeit im Unterricht ab, meldete sich ab und zu – wohl auch, weil dies ihre letzte Chance war – und verschwand, sobald es klingelte, zu den Freundinnen aus ihrer alten Klasse. Auch in den großen Pausen stand sie nur mit Petra, genannt Patty, Claudia und Uli zusammen. „Die Viererbande" wurden sie in der Schule genannt und selbst am Nachmittag sah man nur selten eine von ihnen allein.

Wenn Martin für einige Stunden gehofft hatte, dass Mandy bereit war alles zu vergessen, dann zerschlug sich diese Hoffnung spätestens, als er nach der sechsten Stunde aus der Klasse kam. Mandy lehnte lässig an einer Säule, die zum Treppenaufgang führte, und plauderte mit ihren Freundinnen.

Sobald sie Martin sah, verabschiedete sie sich und schlenderte, die Hände in den Hosentaschen, auf Martin zu.

„Also, was bietest du an, damit ich schweige?"

„Können wir die Sache nicht einfach vergessen?" Martin schaute Mandy flehend an.

„Vergessen?" Sie fing an zu lachen, lachte und lachte und wollte gar nicht mehr aufhören. Ihr Lachen hallte durch den leeren Flur. Wie ein schreckliches Echo schien es von allen Wänden zurückgeworfen zu werden.

Martin hielt sich die Ohren zu.

„Vergessen? Warum sollte ich es vergessen?" Mandys Stimme klang eiskalt. „Du schreibst morgen eine gute Note und was hab ich davon? Nee, so einfach ist das nicht!"

„Ich kann die Aufgaben aufschreiben, nicht die genauen Zahlen, aber die Aufgabenstellung."

Mandy winkte ab. „Ich hab so eine Schummelei nicht nötig. Nicht in Mathe. Ich schreib auch so eine Drei.“

Das stimmte leider. In Mathe war sie tatsächlich nicht schlecht. Bei einer Englischarbeit wäre sie wahrscheinlich auf sein Angebot eingegangen.

„Du willst, dass ich schweige?“, fing sie wieder an. „Okay, kannst du haben. Aber im Leben gibt es nichts umsonst, wie mein Alter immer sagt. 20 Euro kostet dich mein Schweigen. Und das ist noch ein Sonderpreis.“

Martin starrte sie entsetzt an. 20 Euro! Das war ja Erpressung. „Woher soll ich das Geld nehmen?“

„Ist das mein Problem? Habe ich die Matheaufgaben geklaut oder du? 20 Euro oder … Na, du weißt schon … Wir treffen uns morgen vor der Mathestunde bei den Fahrradständern.“

Mandy drehte sich um und schlenderte davon zu ihren Freundinnen, die aus der Ferne alles beobachtet hatten. Kurz bevor sie laut kichernd um die nächste Ecke verschwanden, winkten sie Martin noch einmal zu, der immer noch bewegungslos dastand und ihnen nachstarrte.

3

Zu Hause wartete seine Mutter schon ungeduldig auf ihn. „Wo bleibst du nur so lange?", empfing sie ihn verärgert. „Du weißt doch, rumtrödeln kannst du dir nicht leisten. Und schon gar nicht heute. Nun mach schon, dein Essen steht auf dem Tisch. Aber vorher die Hände waschen. Hast du Hausaufgaben zu machen? Nimm die Bücher mit ins Auto. Wir müssen sofort nach dem Essen los. Schreibt ihr noch eine Arbeit oder einen Test? Du kannst im Auto lernen."

Martin schüttelte den Kopf. Die Worte der Mutter liefen an ihm herunter, ohne ihn zu berühren. Er hörte sie jeden Mittag, die gleichen Fragen, die gleichen Befehle. Es war nicht einmal genug Zeit, die Fragen zu beantworten. Und so schüttelte er bei den Worten „Hausaufgaben" und „Test" meist schon automatisch den Kopf.

Hausaufgaben und bevorstehende Arbeiten, für die man etwas lernen musste, machten alles noch komplizierter, denn dann geriet die Mutter in Stress, schimpfte auf die Lehrer, die die Schüler auch noch am Nachmittag beschäftigen mussten, und auf ihn, weil er nicht schon in der Pause die Aufgaben erledigt hatte.

Es war einfacher, am nächsten Morgen von Jan abzuschreiben. Dafür bekam Jan von Martin die Freikarten geschenkt, die Martin als Jugendspieler des Vereins für alle Spiele der Profis erhielt, die ihn interessierten – denn er selbst hatte nur selten Zeit, sich als Zuschauer auf die Tribüne zu setzen.

Während er sich im Badezimmer Wasser über seine Hände laufen ließ, dachte er an Jan, der so gerne mit ihm getauscht hätte. Jan war der beste Schüler der Klasse, er musste sich keine Sorgen wegen schlechter Noten machen. Andererseits bestanden die meisten seiner Nachmittage aber auch nur aus Lernen und Computerspielen.

„Mein Leben ist langweilig", hatte er einmal zu Martin gesagt. „Ich freue mich auf die Schule, weil da was los ist. Und du hast Action pur. Training, geile Fußballspiele, Fahrten, sogar ins Ausland. Du triffst berühmte Leute. Ich wünschte, mein Leben wäre auch so aufregend."

Es stimmte, dass Martin Langeweile nicht kannte. Er hatte nicht eine Minute Zeit, um Langeweile zu haben. Aber dafür hatte er auch keine Zeit, um ins Kino zu gehen oder einfach nur seine Freunde zu treffen und mit ihnen rumzuhängen. Er hetzte immer nur von einem Termin zum anderen.

Lustlos stocherte Martin in seinem Essen herum. Er hatte keinen Hunger mehr. Er war einfach nur müde. Sich jetzt aufs Bett legen, Musik hören, gar nichts tun …

„Nun iss schon, Junge. Schmeckt es dir denn nicht? Du musst essen. Du weißt doch, wie wichtig das Training heute ist."

Martin seufzte. Für die Mutter war jedes Training und jedes Spiel wichtig. Wichtiger als alles andere. Und sie kümmerte sich auch wirklich rührend um Martin und seine Fußballkarriere. Sie hatte ihren Job im Kindergarten aufgegeben und ging morgens vier Stunden lang putzen, sodass sie pünktlich wieder da war, um das Mittagessen zu kochen und Martin zum Training zu fahren.

Und das ging schon seit Jahren so, seit er mit fünf Jahren zum ersten Mal in einem Verein Fußball gespielt hatte. Jetzt war er fast 14 und spielte in der C-Jugend beim größten Fußballclub der Stadt. Linksaußen, Torschützenkönig, Spielführer. Dreimal in der Woche Training im Verein, einmal für die Landesauswahl im Leistungszentrum und fast jedes Wochenende Punktspiele. Von den Trainingslagern in den Ferien, über Ostern und Pfingsten, gar nicht zu reden.

„Fußball ist unser Leben!", schmetterte laut die Nationalelf in einem Song, der zu den Lieblingsliedern seiner Mutter gehörte.

Für Martin war das tatsächlich so. Manchmal, wenn sie ihm das Lied auf der Fahrt zu einem wichtigen Spiel im Auto vorspielte, um ihn in die richtige Stimmung zum Toreschießen zu bringen, steckte er sich heimlich die Finger in die Ohren, weil er es nicht mehr ertragen konnte.

Geburtstagsfeiern bei Schulfreunden oder spontane Verabredungen am Nachmittag, dafür hatte Martin nie Zeit. Seine Tage waren verplant: morgens Schule, nachmittags Fußball, dazwischen Essen, Hausaufgaben und Schlafen.

Meistens aber war Martin mit seinem Leben ganz zufrieden. Vor allem dann, wenn er mal wieder das entscheidende Tor geschossen hatte und von seinen Freunden als Held gefeiert wurde. Einmal hatte sogar ein Bericht über ihn in der Zeitung gestanden: „Das größte Fußballtalent der Stadt".

Nur manchmal, an Tagen wie heute, mit der Mathearbeit im Nacken, wünschte er sich einen Nachmittag ohne Termine, Eile und Druck.

„Beeil dich, Junge. Gerade haben sie einen Stau auf der Autobahn gemeldet. Wir müssen früher losfahren. Ausgerechnet heute! Bist du so weit? Du hast ja noch gar nichts gegessen. Los, zieh schon mal deinen Trainingsanzug an."

Martin schob den Teller beiseite. Hastig zog er sich seine Hose und das Trainingsshirt an. Die Mutter hatte sogar beides gebügelt. „Man weiß nie, ob nicht ein Reporter da ist und ein Foto von dir schießt. Wie siehst du dann aus, im zerknitterten T-Shirt?", erklärte sie.

„Die wollen meine Tore sehen, nicht meine gebügelte Kleidung", protestierte Martin. Ihm war es peinlich, weil die anderen aus seiner Mannschaft auch keine gebügelten Sachen trugen. Vergeblich. Gegen seine Mutter hatte er keine Chance.

In letzter Sekunde steckte er noch sein Matheheft, das Buch und sein Federmäppchen ein.

Während seine Mutter sich durch den nachmittäglichen Verkehr kämpfte, versuchte Martin sich an die Aufgaben zu erinnern, die er in Herrn Borcherts Tasche gesehen hatte. Textaufgaben zum Multiplizieren und Dividieren von Brüchen waren das Thema der letzten Wochen gewesen.

Martin suchte nach den Übungsaufgaben in seinem Heft. Dann blätterte er in seinem Mathebuch und stieß ganz hinten auf Textaufgaben, die ähnlich klangen wie die, die er auf dem Arbeitszettel für morgen gesehen hatte.

Sie steckten im Stau vor einem Tunnel, aber während die Mutter vor sich hin schimpfte, war Martin dem Lastwagenfahrer, der die Höhenkontrolle ausgelöst und damit den Stau verursacht hatte, richtig dankbar. So kam er zwar zu spät zum Training, hatte aber eine Stunde gewonnen, um sich auf die Arbeit vorzubereiten.

Sie musste wenigstens „ausreichend" werden. In Englisch würde er eine Fünf bekommen. Da war nichts mehr zu retten. Fünf, Sechs, Fünf hatte er in den schriftlichen Arbeiten. Nur eine Drei im Mündlichen hätte noch etwas ändern können.

Aber Sprachen waren noch nie sein Ding gewesen. Er war in letzter Zeit froh, dass er überhaupt verstand, was Frau Meyer, seine Englischlehrerin, erzählte. Er hätte mehr Vokabeln lernen müssen. Aber dafür fehlte ihm die Zeit.

In Mathe gab es noch eine leise Hoffnung, wenn, ja wenn er in dieser Arbeit eine Vier schrieb. In Mathe war er nie schlecht gewesen. Aber auch da brauchte er Zeit, um zumindest die Hausaufgaben zu machen. Im letzten halben Jahr, seit er zusätzlich im Leistungszentrum trainierte, hatte es einfach nicht gereicht. Jan ließ ihn zwar immer abschreiben, aber dadurch lernte er ja nichts.

Herr Borchert war zugleich ihr Sportlehrer und da stand Martin auf einer Eins. Herr Borchert würde, wenn es irgendwie möglich war, sicher beide Augen zudrücken, wie er das die letzten Jahre immer gemacht hatte. Aber auch er musste Martins Noten vor der Konferenz rechtfertigen: „Ich brauche wenigstens eine Arbeit mit ausreichenden Leistungen, Martin. Streng dich an. Du weißt, dass ich deine Fußballkarriere unterstütze, aber eine Versetzung in die nächste Klasse kannst du nun mal nicht nur mit einer guten Sportnote erreichen."

Es musste eine Vier werden. Sonst würde er nicht versetzt werden. Und dann bekäme er von seiner Schule keine Genehmigung mehr, an Schultagen zu fehlen, wenn er auf einen Fußball-Lehrgang musste.

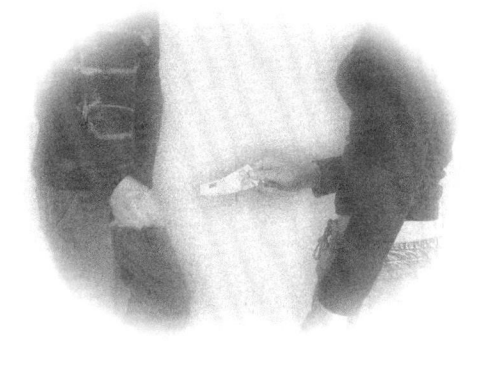

4

Die 20 Euro fielen ihm erst am nächsten Morgen wieder ein. Zum Glück hatte er noch die 30 Euro, die ihm die Eltern für seine Nominierung in die Landesauswahl geschenkt hatten. Eigentlich sparte er auf neue Lautsprecher für seine Stereoanlage, aber wann kam er schon dazu, Musik zu hören? Jetzt war es ihm wichtiger, dass Mandy den Mund hielt.

Er fischte zwei Zehn-Euro-Scheine aus seiner Spardose und fuhr zur Schule, wo Mandy schon bei den Fahrradständern auf ihn wartete.

„Her mit der Kohle!", sagte sie statt einer Begrüßung und streckte die Hand aus.

„Woher willst du wissen, dass ich überhaupt zahle?"

Sie grinste ihn verächtlich an. „Ich kenn Leute wie dich. Du brauchst eine gute Note, damit du weiter Fußball spielen kannst. Wie oft fehlst du, weil du auf einem Lehrgang bist? Und die Schule genehmigt das nur, wenn du gute Noten hast. Hab ich recht?"

Martin schwieg. Es machte ihm Angst, dass sie sich so gut auskannte.

Mandy lachte und gab sich die Antwort selbst: „Natürlich habe ich recht! Und darum weiß ich auch, dass du zahlst. Also, her mit dem Geld!"

Er hasste Mandy. Sie riss ihm die Scheine aus der Hand und hielt sie prüfend gegen das Licht.

„Scheinen ja echt zu sein", meinte sie und stopfte das Geld in ihre Hosentasche. „Dann viel Spaß bei der Mathearbeit. Hoffentlich hat es sich auch für dich gelohnt."

Sie grinste ihn an und rannte über den Schulhof davon.

Martin folgte ihr langsam. 20 Euro für eine Vier. Ein wenig ärgerte es ihn schon, dass er das Geld einfach so abgegeben hatte. Dabei hätte er es in Mathe eigentlich auch so schaffen können, wenn er nur ein wenig mehr Zeit gehabt hätte.

Hoffentlich klappte es jetzt wenigstens. Immerhin hätte sich Herr Borchert ja auch noch neue Aufgaben ausdenken können. Vielleicht hatte er gemerkt, dass jemand an seiner Tasche gewesen war. Schließlich hatte er sie in der Klasse vergessen und jeder hätte in der Pause darangehen können. Aber wahrscheinlich traute er so etwas keinem seiner Schüler zu. Schon gar nicht Martin. Darum durfte er es ja auch niemals erfahren.

Die erste Stunde begann direkt mit der Mathe-arbeit. Martin war sehr froh darüber; er wollte sie so schnell wie möglich hinter sich bringen und dann vergessen.

Herr Borchert verteilte die Zettel. Es waren tat-sächlich die Aufgaben, die Martin am Tag zuvor schon gesehen hatte. Glück gehabt. Herr Borchert hatte keinen Verdacht geschöpft.

Ohne Zeit zu verlieren, arbeitete Martin sich durch die Aufgaben, die er fast ohne Probleme lösen konnte.

„Na, diesmal scheinst du ja gelernt zu haben! Nicht schlecht!" Herr Borchert stand neben ihm und klopfte Martin ermunternd auf die Schulter.

Als Mandy sich daraufhin umdrehte und ihm zuzwinkerte, lief sein Kopf dunkelrot an. Er beugte sich noch tiefer über sein Heft. Die Zahlen flim-merten vor seinen Augen. Er brauchte eine ganze Weile, bis er weiterrechnen konnte. Eine unge-heure Wut auf Mandy überkam ihn. Sie hatte ihr Geld und jetzt sollte sie ihn in Ruhe lassen!

Am schlimmsten aber war das Schluchzen von Meike. Sie saß direkt vor ihm und hatte schon nach zehn Minuten ihr Heft zugeschlagen und ihren Kopf daraufgelegt. Sie hatte aufgegeben. Sie wür-de im Zeugnis wohl drei Fünfen bekommen: eine in Mathe, eine in Deutsch, die dritte in Arbeits-lehre. Das bedeutete, dass sie die Klasse wiederho-len musste. Arme Meike!

Wahrscheinlich hätte er jetzt auch so dagesessen, wenn er die Aufgaben nicht gekannt hätte. Im Gegensatz zu Meike hatte er zumindest eine Chance, es zu schaffen. Für einen Moment kam sich Martin richtig schlecht vor, aber dann dachte er an den nächsten Lehrgang und daran, dass er ohne Versetzung nicht daran teilnehmen konnte. Meike würde es nicht helfen, wenn auch er eine Fünf schriebe.

„In zehn Minuten müsst ihr abgeben."

Herrn Borcherts Stimme verdrängte Martins schlechtes Gewissen. Er beendete die letzte Matheaufgabe und hatte sogar noch genügend Zeit, einige Ergebnisse nachzurechnen. Beim Klingelzeichen gab Martin als einer der Ersten und zum ersten Mal seit langer Zeit mit einem guten Gefühl sein Heft ab. Es würde mindestens eine Drei werden, dachte er zufrieden. Das war 20 Euro wert gewesen.

Nach der dritten Stunde war der Unterricht für ihn beendet. Die letzten beiden Stunden fielen aus, weil er ins Trainingslager fuhr.

„Aber es ist das letzte Mal, dass ich das genehmige! Deine Leistungen müssen erst wieder besser werden. Und wenn du nicht versetzt wirst, kannst du deine Karriere vorläufig auf Eis legen." Herrn Borcherts Worte hatte Martin noch deutlich im Ohr. Der Lehrer war zum ersten Mal seit Jahren richtig unwirsch gewesen, als Martin ihm den Antrag auf Unterrichtsbefreiung vorgelegt hatte.

Seine Mutter wartete schon mit dem Auto vor dem Schultor, als Martin herauskam. Die neidischen Blicke seiner Klassenkameraden folgten ihm – wie immer, wenn er vorzeitig die Schule verlassen durfte.

Während seine Mutter sich durch den Vormittagsverkehr quälte, saß Martin auf dem Beifahrersitz und schloss die Augen. Er war müde, einfach nur müde. An der Tankstelle am Dammtor stand schon der Bus, der ihn und seine Mannschaft ins Trainingslager nach Malente fahren würde. Mittagessen, zwei Stunden Training, Freundschaftsspiel gegen eine Ortsauswahl – nicht das richtige Programm, wenn man wie Martin müde war und das Gefühl hatte, sein ganzer Körper wäre schwer wie Blei.

„Mach's gut, mein Junge! Streng dich an! Und viel Glück! Ich hoffe, wir können feiern, wenn du wieder da bist." Seine Mutter umarmte und drückte ihn, als würde er für ein ganzes Jahr wegfahren und nicht nur für zwei Tage. Am liebsten wäre sie wohl mitgekommen, wie sie das früher bei allen Schulausflügen gemacht hatte. Martin war seinem Trainer richtig dankbar, dass die Eltern nicht mitfahren durften.

Der Bus hatte kaum den Parkplatz verlassen, als Martin auch schon einschlief. Um ihn herum lärmten die anderen, lachten, spielten Karten. Martin schlief.

Er erwachte erst, als der Trainer ihn rüttelte. „Mensch, Martin! Hast du die letzte Nacht durchgemacht? Du bist ja kaum wach zu kriegen."

Martin rieb sich die Augen und schaute sich verwundert um. Der Bus war leer, die anderen waren schon ausgestiegen. Martin murmelte etwas von Schulstress und Mathearbeit und nachts lernen und wollte an ihm vorbei.

Der Trainer hielt ihn zurück. „Es ist gut, dass ich dich alleine sprechen kann. Streng dich an. Du weißt, was auf dem Spiel steht. Am Sonntag wird der Kader für das Spiel in fünf Wochen bekannt gegeben und ich muss eine Empfehlung aussprechen."

Martin nickte. In fünf Wochen fand das Länderspiel Deutschland – England statt. Das Jugend-Nationalteam „U 15" sollte am selben Tag vor den Augen einiger Talentscouts ausnahmsweise gegen eine Auswahl englischer Jugendlicher spielen.

Wenn er es in die Auswahl schaffte, konnte er David Beckham, den englischen Superstar, vielleicht persönlich kennenlernen. Beckham war mit seinen traumhaften Flanken und Freistoßtoren Martins großes Vorbild und er war stolz, dass er genau wie der Engländer die Nummer 7 auf dem Trikot trug. Einmal eine Flanke von Beckham in ein Tor verwandeln! Davon träumte nicht nur Martin. Wenn er Glück hatte, würde er mit ihm sprechen und sich ein paar Tipps von ihm holen können.

Auch Martins Familie hoffte, dass er für den Kader ausgewählt wurde. Der Vater hatte sogar schon Urlaub genommen, um mitzufahren. Verwandte aus Süddeutschland hatten sich angesagt, um Martin live spielen zu sehen. Dabei hatte er noch nicht einmal einen Platz sicher. Nur gute Chancen, wie andere auch.

Sie waren 22 Spieler im Lehrgang der Landesauswahl. Er war einer von sechs Stürmern. Jeder wollte einen Platz in der Landesauswahl haben oder behalten. Hatte man ihn, dann bestand gleichzeitig eine gute Chance, in das Internat des Vereins für die Zeit nach der Schule aufgenommen zu werden, um sich ganz auf eine Fußballkarriere konzentrieren zu können. Und nun ging es auch noch um einen Platz in der Nationalmannschaft von Martins Altersgruppe.

Stipendium, Profikarriere, Nationalspieler, bei einer Weltmeisterschaft Tore schießen … Von den fünf Mitbewerbern um einen Stürmerplatz hatte Martin zusammen mit Karim die besten Chancen. Nur einen von ihnen würde Herr Pape für das Länderspiel vorschlagen. Alles hing von diesem Wochenende ab.

Anfangs fiel es Martin noch schwer, die Schule, die Mathearbeit und Mandys grinsendes Gesicht zu vergessen. So mancher Pass lief ins Leere, so mancher Ball flog weit übers Tor.

Aber zum Glück hatte Herr Pape jede Minute mit Übungen vollgestopft. Alles wurde vom Fußball bestimmt: Frühstück, Dauerlauf, Trainingseinheit, Mittagessen. Am Nachmittag Freundschaftsspiele, die der Trainer mit benachbarten Vereinen organisiert hatte. Es gab keine Zeit zum Grübeln und so fand Martin schon am zweiten Tag zu seiner alten Form zurück. Er schoss im letzten Freundschaftsspiel sogar zwei Tore.

Trotzdem hatte er ein mulmiges Gefühl, als der Trainer kurz vor der Rückfahrt die sechs Stürmer zusammenrief und sagte: „Ihr habt euch alle große Mühe gegeben und ich bin stolz auf euch. Wenn es nach mir ginge, würde ich drei oder vier von euch melden, aber leider kann nur einer die Fahrkarte nach München bekommen. Entscheidend waren Ballgefühl, Konzentration, Torgefährlichkeit. Und da gibt es zur Zeit nur einen, der das alles optimal hat … Martin!"

Es gab einige traurige, enttäuschte Gesichter – und einen Martin, der sein Glück zunächst nicht fassen konnte. Er hatte es tatsächlich geschafft! Er durfte in München spielen, er würde Beckham sehen, wenn … ja, wenn die Mathearbeit eine Vier war.

Denn mit der Nominierung hatte der Trainer ihm das Formular für die Schulbefreiung in die Hand gedrückt. „Bring es unterschrieben zum nächsten Training wieder mit."

Als Martin etwas bedrückt schaute, fragte er besorgt: „Was ist? Gibt es Probleme? Deine Eltern haben sicher nichts dagegen."

Martin schüttelte den Kopf. Seine Eltern würden heute Abend eine Flasche Sekt aufmachen, so glücklich würden sie sein, dass er es geschafft hatte. Aber Herr Borchert würde nur unterschreiben, wenn die Versetzung gesichert war – Nationalelf hin oder her.

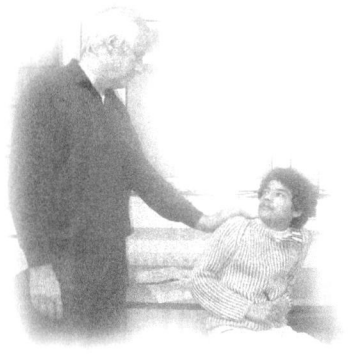

5

Am Montagmorgen betrat Herr Borchert mit dem Stapel Mathearbeiten unter dem Arm die Klasse. Es wurde schlagartig still. Die meisten hatten kein gutes Gefühl, wenn sie an die Arbeit dachten. Martin war schlecht vor Aufregung.

„Ich weiß nicht, wo ihr in den letzten Wochen mit euren Gedanken wart – ganz sicher nicht hier in meinem Unterricht!", sagte der Lehrer und knallte die Arbeiten auf sein Pult. „Die Ferien beginnen erst nach dem letzten Schultag und nicht schon Wochen vorher. Wir werden die Aufgaben jetzt noch einmal an der Tafel rechnen und jeder schreibt sie mit. Es ist wirklich schlimm, wie wenig einige verstanden haben. An die Tafel kommt … Martin." Herr Borchert ließ seinen strengen Blick durch die Klasse schweifen.

Martins Herz rutschte in die Hose. Das war es also, wieder nicht geschafft. Mit zittrigen Beinen ging er nach vorne.

Aber Herr Borchert strahlte ihn an. „Gratuliere, Martin. Du hast wirklich eine erstaunlich gute Arbeit geschrieben. Zeig mal deinen Mitschülern, wie es geht."

„Na, so erstaunlich finde ich das gar nicht." Das war Mandys Stimme.

„Nur kein falscher Neid, Mandy. Wenn du wie Martin gelernt hättest, dann sähe dein Ergebnis auch besser aus."

Mandys Antwort war dieses hässliche Lachen, das Martin schon kannte.

Er löste die Aufgaben an der Tafel, ohne sich zu verrechnen. Nur einmal musste Herr Borchert helfen.

„Na bravo, Martin!" Herr Borchert wandte sich an die Klasse. „Nehmt euch ein Beispiel an ihm. Endspurt nennt man das. Tja, Martin ist eben ein echter Sportler! Eine Zwei ist es geworden."

Für einen kurzen Moment hätte Martin vor Freude jubeln können. Jetzt würde Herr Borchert wegen der Schulbefreiung für München keine Schwierigkeiten machen, er würde alles genehmigen.

Martin war glücklich, als er zu seinem Platz zurückging, richtig glücklich – bis er in Mandys Gesicht sah.

Als er an ihrem Platz vorbeikam, hielt sie seine Hand fest. „Tolle sportliche Leistung", zischte sie. „Ich gratuliere."

Sofort waren sie da: die Angst, die Martin die Luft abschnürte, und die Bauchschmerzen, die jedes Mal kamen, wenn er Mandy nur von Weitem sah.

Zu allem Überfluss hatte Mandy diesmal nur eine Vier bekommen. Herr Borchert überreichte ihr das Heft mit den Worten: „Du warst auch schon besser in Mathe. Gib dir etwas mehr Mühe, Mandy. Du kannst nicht ewig die Schulbank drücken."

„Es können ja nicht alle so klug wie Martin sein", fauchte Mandy den Lehrer an und schleuderte ihr Heft durch die Klasse.

„Martin war im Gegensatz zu dir vor allem flei-ßig", sagte der Lehrer und lächelte Martin aner-kennend zu.

Da drehte sich Mandy mit einem Ruck um und sah Martin mit einem so bösen Blick an, dass er am liebsten aus der Klasse gelaufen wäre und sich versteckt hätte.

Nach dem Unterricht wartete er auf Herrn Bor-chert, um ihm den Antrag für das Spiel in Mün-chen zu geben.

„Gut gemacht, Martin", sagte der Lehrer noch einmal und klopfte ihm auf die Schulter. „Ich bin stolz auf dich. Jetzt kann ich dir guten Gewissens eine Vier auf dem Zeugnis geben. Damit hast du es noch mal geschafft. Äußerst knapp, aber geschafft. Ein Tor reicht ja manchmal auch zum Sieg."

Martin wünschte sich ein genauso gutes Gewis-sen wie sein Klassenlehrer. Was würde der von ihm denken, wenn er die Wahrheit wüsste? Martin wurde ganz schlecht bei diesem Gedanken. Niemals durfte Herr Borchert erfahren, dass Martin die Aufgaben aus seiner Tasche geklaut hatte.

„Am 4. Juli spielt die Nationalmannschaft gegen England", begann Martin. „Und davor darf ich zu einem Spiel der ‚U 15'-Auswahl antreten. Ich bin gestern nominiert worden." Martin hielt dem Lehrer den Antrag für die Schulbefreiung hin.

Herr Borchert runzelte die Stirn. „Das ist natürlich eine Wahnsinnschance. Ich gratuliere dir! Aber andererseits fehlst du dann schon wieder für zwei Tage. Kannst du dir das leisten? In Mathe schaffst du es ja gerade noch. Wie stehst du in den anderen Fächern?"

„In Englisch Fünf, aber sonst okay."

„Englisch Fünf. Na, ich weiß nicht, ob ich das genehmigen darf. Du hast schon so oft gefehlt in diesem Schuljahr. Ich muss auf jeden Fall mit dem Rektor reden."

„Ich weiß. Aber diesmal ist es wirklich wichtig. Ich habe so hart dafür trainiert."

„Das kann ich mir vorstellen. Und ich denke auch, dass es nicht leicht für dich ist, Schule und Fußball unter einen Hut zu bringen. Trotzdem geht die Schule noch vor. Nur die wenigsten schaffen es, mit dem Fußball ihr Geld zu verdienen. Nachher stehst du da und hast nicht einmal einen Schulabschluss."

Martin schwieg. Alles, was der Lehrer da sagte, hatten ihm seine Eltern schon hundertmal erzählt. Das war ja alles richtig, aber es gelang ihm nun mal nicht, in der Schule und auf dem Spielfeld gleich gut zu sein.

„Nun lass den Kopf nicht hängen! Ich werde mein Bestes versuchen, aber versprechen kann ich nichts. Morgen gebe ich dir Bescheid."

Martin schaute seinem Lehrer nach. „Eine Wahnsinnschance", hatte er gesagt. Würde es Herrn Borchert gelingen, den Rektor zu überreden? Martin hoffte es sehr.

„Na, du Schleimer! Borcherts Lieblingsschüler – Sportler unter sich!" Mandy versperrte ihm den Weg. „„Gratuliere, Martin. Du hast eine wirklich erstaunlich gute Arbeit geschrieben'", äffte sie die Stimme von Herrn Borchert nach. „Wenn der wüsste, wie erstaunlich das tatsächlich ist. Oder hast du ihm etwa die Wahrheit gesagt?"

„Was willst du noch?" Martins Stimme klang entschlossener, als er sich fühlte.

„Was ich will?" Mandy lachte. „Die 20 Euro waren für eine Vier gedacht. Eine Zwei ist teurer. Das musst du doch einsehen." Ihre Stimme klang zuckersüß.

„Ich hab kein Geld mehr."

„Dein Problem. Du hättest ja nicht gleich so gut werden müssen. Warum hast du nicht ein paar Fehler eingebaut? Eine Vier hätte doch gereicht. Du bist doch sonst nicht so ehrgeizig in der Schule. Aber wenn du nicht zahlen willst …"

„Das ist Erpressung." Martin bereute die Worte im gleichen Moment, in dem er sie ausgesprochen hatte.

Mandys Gesicht verzog sich zu einer wütenden Grimasse. „Erpressung? Du beschuldigst mich, dass ich dich erpresse?", zischte sie. „Mache ich dir etwa kein faires Angebot? Wer zwingt dich denn, darauf einzugehen? Warum sagst du nicht einfach: ‚Lass mich in Ruhe, Mandy! Ich gehe zu Herrn Borchert und sag ihm die Wahrheit.'? Zum Erpressen gehören immer zwei: einer, der es macht, und einer, der sich erpressen lässt."

Jetzt schaute sie Martin mit einem Grinsen an. Sie wusste genauso gut wie er, dass Martin zahlen würde, weil er unmöglich zu Herrn Borchert gehen konnte. Das würde bedeuten, dass seine Mathearbeit mit einer Sechs bewertet würde, wie Herr Borchert das bei Täuschungsversuchen immer machte. Damit würde er in Mathe auf dem Zeugnis eine Fünf bekommen und zusammen mit der Fünf in Englisch hieße das: sitzen geblieben, Klasse wiederholen!

Aus der Traum von München, keine Teilnahme mehr an Lehrgängen und an Auswahlspielen. Andere Spieler aus seiner Mannschaft würden seinen Platz übernehmen.

Mandy stampfte ungeduldig mit dem Fuß auf. „Jetzt entscheide dich. Ich hab nicht ewig Zeit. Ich geh schon mal Richtung Lehrerzimmer." Sie drehte sich um. „Du kannst ja nachkommen, wenn du fertig überlegt hast."

„Warte!" In seiner Panik packte Martin sie am Arm und hielt sie fest.

Mit einem Ruck schüttelte Mandy ihn ab. „Fass mich bloß nie wieder an!", fauchte sie.

„Ist ja schon gut." Erschrocken über ihren Wutausbruch wich Martin einen Schritt zurück. „Wie viel willst du?"

Mandy holte tief Luft. „Na also, geht doch! Nun lass mal rechnen: 20 Euro für eine Vier. Eine Drei hätte 40 Euro gekostet, eine Zwei kostet danach 60 Euro. 20 hast du angezahlt, bleiben also noch … 40 Euro."

Martin blieb vor Schreck die Stimme weg. „40 Euro!", krächzte er schließlich. „Woher soll ich die kriegen?"

Mandy zuckte mit den Schultern. „Was weiß ich? Es ist deine Entscheidung. Du musst nicht zahlen."

In Martins Kopf drehte sich alles. Er hatte keine Ahnung, woher er das Geld nehmen sollte, aber wenn er ihr das jetzt sagte, würde sie sofort zu Herrn Borchert gehen.

„Ich brauche Zeit. Drei Tage. Ich …", stotterte er.

Mandy gab sich großzügig. „In Ordnung. Drei Tage. Eigentlich brauche ich das Geld schon morgen. Aber weil du es bist … Heute ist Montag. Donnerstagmorgen, 7.30 Uhr bei den Fahrradständern, aber pünktlich. Sonst geh ich gleich zum Lehrerparkplatz und warte auf deinen Lieblingslehrer."

Martin sah ihr nach, wie sie hüpfend davonlief. Warum hatte er bloß keine Vier geschrieben? Das hätte für die Genehmigung auch gereicht und Mandy wäre mit den 20 Euro zufrieden gewesen.

Wäre sie? Auf einmal war sich Martin nicht mehr so sicher. Würde sie jemals Ruhe geben?

Aber zunächst einmal musste er das Geld beschaffen – und er hatte keine Ahnung, woher er es nehmen sollte.

Die Freude über seine Zwei war längst wie ein Luftballon geplatzt. Übrig geblieben war nur die Angst: Was würde passieren, wenn er es nicht bis Donnerstag schaffte, das Geld zu besorgen?

6

Der Donnerstag kam noch schneller als befürchtet. Martin hatte wirklich versucht, das Geld auf ehrliche Weise zu beschaffen: Er hatte das Auto seines Vaters gewaschen und den Rasen der Nachbarn gemäht. Aber mehr als 15 Euro hatte er in der kurzen Zeit nicht zusammenbekommen. Zehn Euro nahm er aus seinem Sparschwein – und die restlichen 15 aus dem Portemonnaie der Mutter. Er würde sie ihr zurückgeben, sobald er konnte. So waren sie nur geliehen, nicht gestohlen, beruhigte er sich selbst.

„Na, das klappt ja richtig gut!", meinte Mandy, als er ihr das Geld in die Hand drückte.

„Das ist alles, was ich habe. Und jetzt muss Schluss sein." Martin versuchte, seine Stimme fest klingen zu lassen.

„Wir werden sehen", sagte Mandy. „Cool bleiben, Mann." Sie klopfte ihm auf die Schulter und ging davon.

Während Martin ihr in die Klasse folgte, verstärkte sich das Grummeln in seinem Bauch. „Einmal erpressbar – immer erpressbar." Irgendwo hatte er diesen Spruch gelesen.

Zunächst aber hatte er Ruhe. Drei Tage lang konnte Martin so leben, als hätte es Mandy und ihre Erpressungen nie gegeben: Schule, Training, Punktspiel, die Aussicht, nach München zu fahren.

Nur sein Trainer bemerkte, dass Martin nicht so konzentriert wie sonst bei der Sache war. „Hast du Probleme? In der Schule oder zu Hause?", fragte er besorgt.

Martin schüttelte den Kopf.

„Du bist einer meiner besten Spieler. Und ich will, dass du ganz nach oben kommst. Du kannst es schaffen. Also streng dich ein bisschen mehr an."

Martin nickte. Er wollte doch auch ganz nach oben. Und er war auf dem besten Weg dahin. Die Sache mit Mandy musste er einfach vergessen. Er hatte gezahlt, sie ließ ihn zufrieden.

Herr Borchert war die ganze Woche krank gewesen und so kam es, dass er erst am Freitag in die Klasse kam und einen Zettel in der Hand hielt, den Martin schon von Weitem als seinen Antrag auf Schulbefreiung erkannte.

Warum er ausgerechnet Martins Antrag zum Anlass nahm, der Klasse einen Vortrag über Fleiß und Einsatz und sinnvolle Freizeitgestaltung zu halten, konnte Martin sich nicht erklären. Er wünschte, er hätte es nicht getan.

„Nehmt euch ein Beispiel an Martin!", sagte der Lehrer und schaute seine Schüler der Reihe nach an. „Der vergammelt seine Tage nicht. Er nutzt sie, um Sport zu treiben. Teamgeist, Verantwortung übernehmen, Disziplin, Pünktlichkeit – das sind alles Eigenschaften, die man beim Fußball mittrainiert. Und jede Firma ist später glücklich, einen Auszubildenden zu bekommen, der sie hat. Was wollt ihr demnächst beim Einstellungsgespräch dem Personalchef erzählen? ‚Was ist dein Hobby?', fragt er dann. Und ihr antwortet: ‚Ich hänge gerne mit meinen Freunden ab.' Da nimmt sich der Personalchef doch lieber gleich jemanden wie Martin, denn der ist es gewohnt, Leistung zu bringen – jeden Tag aufs Neue."

Niemand aus der Klasse mochte es gerne, als Vorbild hingestellt zu werden. Das war peinlich und es kam in den Pausen immer zu Hänseleien der Klassenkameraden: „Streber!" oder „Schleimer!" waren noch die harmlosesten Beschimpfungen, die so ein Klassenlob nach sich zog.

Für Martin war es diesmal besonders schlimm, denn Mandy drehte sich die ganze Zeit zu ihm um und grinste ihm ins Gesicht.

„Hier spielt die Musik, Mandy. Schau bitte nach vorne", ermahnte Herr Borchert sie.

Sie drehte sich nur kurz zu ihm um und meinte: „Ich möchte mir unseren Helden genau anschauen. Er ist doch so ein großes Vorbild. Vielleicht schreibe ich in der nächsten Mathearbeit dann auch eine Zwei."

Herr Borchert lachte. „Das wäre zu wünschen, Mandy. Aber da reicht es wohl nicht, wenn du Martin anschaust. Setz dich wie er auf den Hosenboden und lerne! Vor einem guten Ergebnis steht immer noch der Fleiß."

„Oh, es gibt auch andere Wege, zu guten Noten zu kommen", meinte Mandy daraufhin und zwinkerte Martin zu.

Martin hielt die Luft an. Wenn dieses Gespräch noch weiterging, würde Mandy ihn womöglich verraten.

„Darf ich nach München fahren?", fragte er stattdessen laut.

Herr Borchert nickte. „Es war knapp, aber du bekommst die Genehmigung. Martin spielt mit der ‚U 15' in der Allianz Arena gegen eine englische Auswahl und schaut dort das Spiel der Nationalmannschaft an", verkündete er der Klasse, die spontan anfing zu klatschen.

Auch Mandy schlug ihre Hände zusammen. Es gab ein hohles, dumpfes Geräusch. Jedes Klatschen war für Martin wie ein Schlag ins Gesicht. Er konnte sich nicht einmal freuen, dass er die Schulbefreiung bekommen hatte. Er wusste, dass

Mandy keine Ruhe geben würde, jetzt erst recht nicht.

Tatsächlich wartete sie mittags bei den Fahrradständern auf ihn. Er tat so, als würde er sie nicht sehen, und hoffte, dass sie auf jemand anderen wartete. Vergeblich.

Sie winkte ihm fröhlich zu, er winkte zurück und schloss sein Fahrradschloss auf. Sein Herz klopfte vor Aufregung.

Mitten auf dem Fahrradweg stand sie plötzlich breitbeinig vor ihm. Sie war keine echte Bedrohung – er war einen Kopf größer als sie und mit Sicherheit stärker. Und doch ging etwas von ihr aus, das ihm so große Angst machte, dass er kaum noch Luft bekam.

„Was willst du? Ich hab's eilig." Seine Stimme klang kratzig.

„Wieder zum Training?", fragte sie freundlich.

„Was sonst?" Martin wollte sie zur Seite schieben. Zu Hause wartete seine Mutter auf ihn und er durfte sich nicht verspäten.

„Hast du am Samstag um 19.00 Uhr Zeit?"

Automatisch schüttelte Martin den Kopf. Was sollte das jetzt? Dachte sie etwa, er hätte Lust, sich mit ihr zu verabreden?

„Wenn ich du wäre, würde ich aber Zeit haben! Wir müssen doch noch besprechen, wie es weitergehen soll. Ich hab ja gewusst, dass die Arbeit wichtig für dich ist, aber sooo wichtig … Da hängt ja sogar die Nationalmannschaft dran." Mandy sagte das ganz ruhig, aber in ihrer Stimme war ein leiser Unterton, sodass Martins Bauch sich wieder schmerzhaft zusammenzog.

„Also dann, morgen um 19.00 Uhr vor dem Bahnhof." Mit diesen Worten ging sie fröhlich vor sich hin pfeifend davon.

Erst jetzt bemerkte Martin ihre Freundinnen, die am Schultor auf sie gewartet hatten. Mandy streckte ihnen das Victory-Zeichen entgegen und laut lachend zog die Viererbande ab.

Martin schaute ihnen nach und hatte ein sehr ungutes Gefühl. Mit der Viererbande legte sich niemand gerne an, seitdem Mandy die Führung übernommen hatte. Sie waren alle 15 Jahre alt, gehörten zu Mandys ehemaliger Klasse und hatten eines gemeinsam: Keiner mochte sie besonders gerne.

Claudia und Mandy gehörten zu denen, die nicht das Geld hatten, um Markenklamotten zu kaufen oder Turnschuhe bestimmter Marken, die gerade „in" waren. Es hieß sogar, ihre Eltern holten die Kleidung für die Familien aus der Kleiderkammer der Gemeinde. Der Vater von Mandy war außerdem gesehen worden, wie er ein Sofa vom Sperrmüll auf der Straße abtransportiert hatte, und es wurde erzählt, bei Claudia war Duschen nur einmal pro Woche angesagt, um Seife zu sparen.

Patty war klein und furchtbar dick. So sehr Martin die Sportstunden liebte, so sehr hasste Patty sie. Ob sie wie ein Mehlsack auf dem Barren hing oder ihr beim Laufen um den Sportplatz schon nach 100 Metern die Puste ausging, der Spott der anderen Schüler war ihr früher sicher gewesen. Weil sie dabei fast jedes Mal in Tränen ausbrach, wurde sie „Patty Cry-Baby" genannt.

Uli war Pattys beste Freundin seit der Kindergartenzeit. Sie hatte fünf ältere Brüder und war es gewohnt, sich durchzusetzen, notfalls mit den Fäusten. Das bekam jeder zu spüren, der sich über Patty lustig machte, und so mancher Junge hatte sich bereits ein blaues Auge oder eine blutige Nase eingefangen. Wenn Uli wütend war, schlug sie zu, ohne zu überlegen. Die meisten Schüler machten einen großen Bogen um sie.

Irgendwann hatten die vier sich angefreundet und schützten sich gegenseitig. Eine von ihnen auszulachen oder zu ärgern traute sich bald niemand mehr.

In der Schule gab es sogar Gerüchte, dass die vier nachmittags andere Kinder überfallen und ihnen das Handy oder Geld geklaut hatten. Aber das wurde nur hinter vorgehaltener Hand geflüstert. Aus Angst schwiegen die meisten und versuchten der Viererbande aus dem Weg zu gehen.

Martin glaubte nicht, dass die vier ihn angreifen und schlagen würden. Bislang waren ihre Opfer meist Mädchen gewesen. Er würde aber auf jeden Fall morgen zum Bahnhof gehen, um Mandy nicht unnötig zu provozieren.

7

Elf Runden um den Sportplatz laufen, dann Dehnübungen, Hürdenlauf und 100-Meter-Sprint: Mann gegen Mann. Das Trainingsprogramm, das sich Herr Pape ausgedacht hatte, um seine Mannschaft optimal auf die letzten Punktspiele vor Saisonende vorzubereiten, ließ keine anderen Gedanken oder gar irgendwelche Sorgen zu.

Nach dem Aufwärmen folgte das zweistündige Training mit Sturm-Abwehr-Übungen, Torschusstraining und Flanken. Im Mittelpunkt stand der Ball. Nichts anderes war mehr wichtig. Freistöße, Ecken, Doppelpässe. Fuß, Kopf, Tor!

Beim abschließenden Trainingsspiel gegen die B-Jugend des Vereins waren Mandy und ihre Freundinnen endgültig im hintersten Winkel seines Kopfes verschwunden.

Martin schoss zwei Tore und zeigte, dass er zu Recht dafür ausgewählt worden war, für die „U 15" in München zu spielen.

Hinterher ging er mit seinen Eltern zum Italiener. „Nudeln sind wichtig für jeden Sportler!", betonte sein stolzer Vater. Martin fühlte sich so gut wie schon lange nicht mehr.

Auch am Samstagnachmittag beim Punktspiel gegen den Tabellenführer war Martin in Bestform. Er holte sich die Bälle schon in der eigenen Hälfte, lief nach vorne, flankte. Vor allem seine Flanken kamen heute genau auf den Punkt. Mehrmals fingen die Leute spontan an zu klatschen, wenn der Ball über 25, 30 Meter flog und genau bei einem Mitspieler landete.

In der Halbzeit lobte Herr Pape ihn begeistert: „Weiter so, Martin!"

Ein Reporter des Stadtmagazins machte ein Interview mit ihm und auch der lokale Radiosender sendete ein Live-Interview. Angefeuert durch die stolzen Blicke seiner Eltern und des Trainers, beantwortete Martin alle Fragen ohne Stottern, als hätte er sein ganzes Leben nichts anderes getan.

Nur bei einer Frage stockte er. Der Reporter wollte wissen, wie er denn Schule und Fußball unter einen Hut bringe: „Das ist doch sicher nicht ganz einfach für dich. Die vielen Trainingsstunden und dann die Wochenenden, an denen du unterwegs bist. Für München brauchst du doch auch wieder schulfrei. Wie machst du das bloß?"

„Ich … es ist wirklich nicht einfach … Meine Lehrer unterstützen mich, vor allem mein Sportlehrer …"

„Schleimer!", meinte er Mandys leise Stimme in seinem Ohr zu hören. „Warum sagst du ihm nicht die Wahrheit? Du schaffst es doch gar nicht!"

Martin schüttelte Mandy aus seinem Ohr. Er war froh, als der Reporter sein Mikrofon einpackte und sich verabschiedete.

Herr Pape war zufrieden mit seiner Mannschaft; nicht nur Martin hatte gezeigt, dass er Fußball spielen konnte und ein ernst zu nehmendes Talent war. Spontan lud er alle zusammen zu einem Kirmesbesuch ein.

Zwischen Achterbahn und drittem Grillwürstchen sah Martin auf die Uhr und stellte erschrocken fest, dass seine Verabredung mit Mandy seit gut einer Stunde überfällig war.

Egal, dachte er trotzig und tunkte seine Wurst in den Rest Ketchup. Er wusste ja ohnehin nicht, was sie eigentlich von ihm wollte. Irgendeine Erklärung würde ihm schon einfallen. Es gab schließlich wichtigere Dinge in seinem Leben. Und hier – mitten unter seinen Freunden, weit weg von der Schule und von Mandy – fühlte er sich stark genug, um es mit ihr aufzunehmen.

Auch am Sonntag gelang es Martin noch, den Gedanken an Mandy zu verdrängen. Erst auf dem

Weg zur Schule am Montagmorgen überlegte er sich, was er ihr sagen konnte. Welche Entschuldigung würde sie annehmen? Andererseits, warum musste er sich überhaupt entschuldigen? Na, besser war es wohl schon, er würde ihr etwas anbieten können.

„Hi, Mandy!", würde er sie ganz cool begrüßen. „Schönes Wochenende gehabt?" Oder besser: „Sorry, tut mir leid, aber ich konnte nicht kommen. Meine Oma war krank. Ich musste sie mit meinen Eltern besuchen."

Das passte. Gegen eine kranke Oma konnte auch Mandy nichts sagen. Er wiederholte die Worte in Gedanken so lange, bis er selbst daran glaubte. Zufrieden grinste er vor sich hin und kickte einen Stein quer über die Straße. Der Stein fegte zwischen zwei parkenden Autos hindurch, stieß gegen den Bordstein und landete schließlich im nächsten Gully.

„Tor!", rief Martin und streckte die Arme hoch. Ihm ging es gut. Daran würde auch Mandy nichts ändern.

Sie kam erst, als die erste Stunde schon fast beendet war, und hatte ganz offensichtlich schlechte Laune. Sie murmelte etwas von „Verschlafen" und zuckte mit den Schultern, als die Biolehrerin sie als verspätet ins Klassenbuch eintrug. Dann ging sie zu ihrem Platz, ohne Martin oder irgendjemand sonst zu beachten.

Erst in der Pause hatte er Gelegenheit, mit ihr zu reden. Wie am Morgen geübt, spulte er seine Entschuldigung ohne zu stottern hinunter. Mandy schaute ihn einen Moment schweigend an. Dann spuckte sie verächtlich direkt vor seine Füße.

„So, deine Oma", sagte sie. „Und der Reporter ist gleich mitgekommen oder was?"

„Reporter?" Martin war so verblüfft, dass er für einen Moment gar nicht wusste, wovon sie redete. „Welcher Reporter?"

„Willst du mich verarschen oder was?", schrie sie ihn wütend an. „Der Reporter, der dich interviewt hat! Schon vergessen? Aber wahrscheinlich musste unser Star so viele Interviews geben, dass er den Überblick verloren hat."

Sie hatte das Live-Interview gehört! Das hatte er total vergessen. Dabei hätte er gewettet, dass sie nie Sportsendungen einschaltete. Es musste ein ganz dummer Zufall gewesen sein.

Mandy drehte sich um und wollte gehen. „Ob Herr Borchert dich auch unterstützen würde, wenn er …? Sieh mal, da kommt er …"

„So warte doch. Ich kann dir alles erklären!" Martins Stimme wurde ganz schrill vor Aufregung.

„Ich scheiß auf deine Erklärung!" Mandy ließ ihn einfach stehen und rannte davon.

Während Martin ihr nachschaute, kam ihm zum ersten Mal der Gedanke, dass es vielleicht doch besser wäre, Herrn Borchert alles zu gestehen.

Aber dann würde Karim an seiner Stelle nach München fahren und er könnte sich das Spiel im Fernsehen angucken. Er sah die enttäuschten Gesichter vor sich: seine Mutter, sein Vater und sein Trainer, ja, selbst Herr Borchert. Sie alle freuten sich besonders auf dieses Spiel, weil Martin mitspielen würde.

Er konnte ihnen die Wahrheit nicht sagen. Also schob er den Gedanken an ein Geständnis ganz weit weg. Mit Mandy musste er auf andere Weise fertig werden.

8

Am Nachmittag beim Training machten sie zum Abschluss wie immer ein Spiel. Martins Mannschaft lag eine Minute vor Spielende mit einem Tor hinten, als Martin sich den Ball an der Mittellinie erkämpfte, loslief und eine Flanke zu seinem Mittelstürmer spielte. Der Ball kam zurück, Martin umspielte den Torwart, der weit herausgelaufen war, und stand allein vor dem leeren Tor.

Er hob den Fuß, um den Ball ganz leicht ins Tor zu kicken, als er plötzlich Mandy auf der Zuschauertribüne erblickte.

Der Ball flog weit über das Tor in den Himmel. Die Gegner jubelten.

„Sag mal, spinnst du? Das war ein todsicheres Tor." Karim stand fassungslos vor ihm, aber Martin hörte gar nicht zu.

Er schaute auf den Platz, wo er soeben noch Mandy gesehen hatte. Jetzt war sie verschwunden. Hatte er sich das nur eingebildet? Eine Fata Morgana?

Verfolgte sie ihn schon bis hierher auf den Fußballplatz? Martin schüttelte sich und sah ein letztes Mal zur Zuschauertribüne. Die Bänke waren leer.

Martin wartete darauf, dass sie ihn am nächsten Morgen ansprach, aber sie beachtete ihn gar nicht. In der Schule ging sie ihm aus dem Weg, was Martin eigentlich hätte freuen müssen. Aber es machte ihn unsicher, denn wie er sie inzwischen kannte, plante sie etwas Neues.

Und wirklich: Sobald er das Schulgelände verließ, folgte sie ihm. Sie bemühte sich gar nicht sich zu verstecken. Und wenn sie einmal nicht da war, traf er garantiert auf eine ihrer Freundinnen aus der Viererbande.

Bei jedem Training saßen jetzt eine oder mehrere von der Viererbande am Spielfeldrand. Manchmal winkten sie ihm zu.

Martin fiel es immer schwerer, sich auf den Ball zu konzentrieren – und immer häufiger gelang es Karim und den anderen, Martin beim Dribbeln den Ball abzunehmen.

Bis vor Kurzem hatte es nur selten ein Spieler geschafft, Martin auszutricksen, aber in diesen Tagen verlor er fast jeden Zweikampf. Selbst wenn sie einmal nicht da saßen und ihm zuwinkten, sah er sie vor sich, wie Gespenster.

Beim Punktspiel am darauffolgenden Samstag standen Mandy und Claudia sogar direkt hinter dem gegnerischen Tor. Immer wenn Martin sich dem Tor näherte, fingen sie an zu jubeln und riefen: „Martin vor – noch ein Tor!"

„Dein neuer Fanclub?", wollte der Trainer wissen. „Halt dich bloß von den Mädels fern. Die scheinen dich nur abzulenken. Denk lieber an den Ball!"

Das war leicht gesagt. Wenn er sie sah, war es vorbei mit seiner Konzentration. Was wollten sie von ihm? Dass sie nicht kamen, weil sie auf einmal ihre Fußballbegeisterung entdeckt hatten, war klar. Die vier hatten sich für Sport noch nie interessiert.

Am liebsten hätte er den Trainer gebeten, die Mädchen nach Hause zu schicken. Aber zuschauen durfte jeder, solange er keine Gegenstände auf das Spielfeld warf.

Als Martin beim nächsten Punktspiel auf das gegnerische Tor losstürmte, sah er Mandy und Claudia wieder dort stehen. Sie schienen auf einmal ihre ganze Freizeit auf dem Fußballplatz zu verbringen. Während er näher kam, hielten sie ein weißes Tuch hoch, ein Tuch mit großen schwarzen Buchstaben darauf.

Martin konnte die Worte nicht lesen, aber allein der Versuch reichte aus, um den Ball zu verlieren.

Kurze Zeit später, als Mehmed einen Eckball schoss und Martin direkt am gegnerischen Tor stand, konnte er die Worte lesen: „Viele Grüße von Borchert!"

Mehmed war der Eckballspezialist der Mannschaft und sein Ball flog direkt auf Martins Kopf zu. Er hätte nur noch einköpfen müssen, aber der Ball sauste an Martin vorbei, der überhaupt nicht reagierte.

Mehmed konnte es nicht fassen und auch die anderen waren richtig sauer auf Martin. Sie hatten natürlich alle die Mädchen hinter dem Tor gesehen und fanden es unfair von Martin, dass er sich ausgerechnet in der Endphase der Saison mehr für Mädchen als für Tore interessierte.

„Und dann gleich zwei!", schimpfte Paul. „Hätte nicht eine ausgereicht? Dann würdest du vielleicht nicht jeden Ball verschlagen."

„Es ist nicht so, wie du denkst", versuchte Martin zu erklären.

„Ach ja, wie ist es dann? Die Mädels jubeln dir zu und du stehst vor dem Tor und schießt den Ball in die Wolken. Was gibt es da bitte schön noch zu erklären?"

„Sag ihnen, sie sollen abhauen", meinte auch Bernd, mit dem Martin sich sonst sehr gut verstand. „Mensch, du machst uns alles kaputt. Nach dem Spiel kannst du dich mit hundert Mädchen treffen!"

Martin seufzte. Wenn es doch nur so einfach gewesen wäre. Wie gerne hätte er ihnen gesagt, dass sie abhauen sollten.

In der Halbzeitpause wurde Martin von seinem Trainer beiseitegenommen. „Reiß dich zusammen, Junge. Was ist denn mit dir los? Dreimal hättest du schießen können!"

Martin nahm sich fest vor, Mandy, Claudia und das Schild in der zweiten Halbzeit einfach zu ignorieren. Außerdem spielten sie ja jetzt auf das andere Tor.

Aber so viel verstanden Mandy und ihre Freundinnen auch vom Fußball. Das weiße Tuch war auf die andere Seite gewandert, wo die beiden anderen Mädchen der Viererbande, Patty und Uli, sich einen Platz direkt hinter dem Tor erobert hatten.

Am Ende verschoss Martin sogar einen Elfmeter, was ihm noch nie passiert war, und seine Mannschaft verlor das Spiel und damit wichtige Punkte in der Meisterschaft.

Während die Gegner noch jubelnd über den Platz rannten, ging Martins Mannschaft schweigend, mit hängenden Köpfen in die Kabine zurück. Mehmed kickte wütend gegen jeden Stein, der auf dem Weg lag. Bernd murmelte immerzu „Scheiße! Scheiße!" vor sich hin.

Niemand sprach mit Martin. Aber er wusste, dass sie ihm die Schuld an der Niederlage gaben. Und sie hatten recht.

Jedes Mal, wenn er in die Nähe des Tores gekommen war, hatten ihm seine Beine nicht mehr gehorcht. Seine Augen waren zu dem weißen Tuch mit den schwarzen Buchstaben gewandert und dann hatte er den Ball irgendwohin geschossen, nur nicht ins Tor.

Die Rückfahrt mit seiner Mutter war noch schlimmer.

„Wo warst du bloß mit deinen Gedanken?", schimpfte sie. „Was sind das für Mädchen? Kennst du sie? Und was stand auf dem Tuch?"

„Sie gehen auf meine Schule."

„Dann sag ihnen, sie sollen zu Hause bleiben. Sie machen dich ganz nervös."

Martin war froh, als er endlich zu Hause in sein Bett kriechen und die Augen schließen konnte. Aber auch in seinen Träumen verfolgte ihn Mandy mit ihrem Tuch: Viele Grüße von Borchert!

9

Es gab nur einen Ort, wo er sich in den nächsten Tagen vor Mandy und ihren Freundinnen sicher fühlte: auf seinem Fahrrad. Das Fahrrad war Martins ganzer Stolz. Er hatte es vor einem halben Jahr von seiner ersten Prämie gekauft.

In den letzten Osterferien war er zusammen mit anderen Fußballern zu einem internationalen Turnier in die Türkei geflogen. Nur vier Fußballer aus Hamburg hatte der Bundestrainer dafür ausgewählt und Martin war unter ihnen gewesen.

Für seine Eltern war damals ein Traum in Erfüllung gegangen. Sein Vater hatte immer Fußballprofi werden wollen, aber nach dem Abschluss der Hauptschule musste er eine Lehre machen, um möglichst schnell Geld zu verdienen. Seine Eltern konnten es sich nicht leisten, dem Sohn eine Fußballkarriere zu ermöglichen. Lehre und Training, das war zu viel.

Damals, als sein Vater in der C-Jugend spielte, gab es noch keine Prämien für Jugendspieler und die Vereine kümmerten sich auch noch nicht so wie jetzt um vielversprechende Talente. Für Martins Vater war der Traum von einer Fußballkarriere schnell ausgeträumt.

Umso mehr hatte er sich gefreut, als er bemerkte, dass Martin offensichtlich sehr talentiert war und Spaß am Spiel mit dem Ball hatte. Als Martin fünf Jahre alt war, meldete sein Vater ihn in einem Verein an. Er erwarb selbst eine Trainerlizenz und betreute Martins Mannschaft.

Zweimal in der Woche Training, Wochenendturniere. Das ganze Leben der Familie war rund um den Fußball organisiert. Während Vater und Sohn am und auf dem Platz standen, war die Mutter für das Anfeuern zuständig. Außerdem sorgte sie mit den anderen Müttern für Getränke und belegte Brote.

Je erfolgreicher Martins Mannschaft unter dem Training seines Vaters wurde, desto häufiger waren sie auch zu Auswärtsspielen unterwegs. Samstag war Fußballtag, solange Martin denken konnte. Oft stand die Mutter schon frühmorgens auf, um Kuchen zu backen und einen Picknickkorb zu packen.

„Gib dir heute besonders viel Mühe", hatte der Vater an einem Turniersamstag vor dem ersten

Spiel gesagt. Martin war damals elf Jahre alt und spielte in der D-Jugend.

„Ich gebe mir immer Mühe!“ Martin war beleidigt. Er brauchte solche Ermahnungen nicht.

„Natürlich. Das weiß ich doch. Aber heute sind Talentsucher vom HSV da“, erklärte der Vater. „Die beobachten alle Spieler und die Besten dürfen dann beim HSV trainieren und bekommen, wenn sie gut sind, einen richtigen Vertrag.“

Martins Augen wurden riesengroß. Jeder in seiner Mannschaft träumte davon, einmal mit den Profis auf den Platz zu laufen. Und alle träumten von einer Karriere als Fußballspieler. Als Martin in die Schule gekommen war, hatte er anfangs nicht verstanden, warum er überhaupt lesen und schreiben lernen sollte. Ihm reichte es, wenn er aus jeder Lage den Ball ins Tor schießen konnte. Und er träumte nicht nur vom HSV. „Eigentlich will ich zu Real Madrid“, sagte er.

Der Vater hatte gelacht. „Das kannst du später immer noch. Aber der erste Schritt dafür wird heute gemacht. Vorläufig lässt dich deine Mutter sowieso nicht nach Spanien. Spiel so gut, dass sie dich auswählen. Du hast das Talent dafür!“

Und an diesem Tag hatte Martin auch das nötige Glück. Ihm gelang einfach alles: Seine Pässe kamen zentimetergenau an, er gewann die meisten Zweikämpfe, traf zweimal den Torpfosten und schoss insgesamt drei Tore.

Dass seine Mannschaft nicht Turniersieger wurde, sondern nur Dritter, konnte Martin an diesem Tag nicht einmal ärgern, denn schon gegen Mittag war einer der Beobachter vom HSV zu seinem Vater gekommen, hatte ihm eine Visitenkarte in die Hand gedrückt und gesagt: „Wir würden uns freuen, wenn Ihr Sohn in der nächsten Woche zu einem Probetraining kommen würde."

Die ganze Familie stand Kopf. Martin bekam jeden Tag mehrere Stunden Sondertraining von seinem Vater, der sich extra ein paar Tage Urlaub nahm, und die Mutter kochte ein Nudelgericht nach dem anderen, damit Martin die nötige Kraft hatte.

„Alle berühmten Sportler essen vor wichtigen Spielen Nudeln", erklärte sie, als Martin protestierte. Ihm hingen die Nudeln schon nach wenigen Tagen zum Hals raus. Und wenn es ohne Nudeln tatsächlich nicht ging, wollte er lieber gar nicht berühmt werden.

Eine Woche später hatte Martin es geschafft. Ab der kommenden Saison würde er zur Jugendmannschaft des HSV gehören. Der erste Schritt zu einer Fußballkarriere war gemacht. Vor allem sein Vater war glücklich. Sein Sohn konnte erreichen, was er selbst nicht geschafft hatte.

In den nächsten Jahren drehte sich im Leben der Familie alles noch mehr um den Fußball. Die Mutter übernahm dreimal in der Woche die Fahrerei zum Training am anderen Ende der Stadt. An den Samstagen war auch der Vater dabei. Training, Punktspiele, Auswärtsturniere.

„Ihr habt ja gar kein eigenes Leben mehr", hatte einmal ein Freund der Familie gesagt. „Wenn man euch einlädt, müsst ihr erst in Martins Terminkalender schauen. Wie könnt ihr das bloß aushalten?"

Die Eltern hatten ihn verständnislos angestarrt. Martins Termine waren auch ihre Termine. Es war für sie keine Belastung, sie machten das gerne. Für den Erfolg ihres Sohnes taten sie einfach alles.

Und weil Martin das wusste, gab er sich besonders viel Mühe. Er spielte gerne Fußball und hatte früher nie darüber nachgedacht, dass man seine Freizeit auch anders verbringen konnte.

Nur in letzter Zeit beneidete er manchmal seine Klassenkameraden, die sich zum Kino oder zum Basketballspielen verabredeten. Spielen, ohne dass Punkte gezählt wurden, ohne dass ein verschossener Ball Ermahnungen und enttäuschte Gesichter von Erwachsenen nach sich zog.

Aber diese Gedanken behielt Martin für sich, schließlich wollte er nach wie vor Profi werden. Und wahrscheinlich war es allen Sportlern, die berühmt wurden, so ergangen wie ihm. Oder den Musikern. Berühmte Geigen- oder Klavierspieler übten täglich stundenlang die gleichen Stücke. Das stellte sich Martin noch öder vor.

Wenn man hoch hinauswollte, musste man eben Opfer bringen. Oder, wie sein Vater immer sagte: „Von nichts kommt nichts!"

Vor einem Jahr war Martin dann in die Landesauswahl aufgenommen worden. Das hieß Spiele in ganz Deutschland gegen andere Landesauswahlen; es bedeutete einen weiteren Schritt auf dem Weg in die „U 15", die Nationalmannschaft für seine Altersgruppe, und es hieß noch mehr Training und noch weniger Zeit für Schule und Hausaufgaben.

Manchmal brauchte Martin eine Schulbefreiung, weil das Trainingswochenende schon freitags begann und er einige Stunden Anfahrt hatte. Es konnte nicht ausbleiben, dass seine Leistungen in der Schule schlechter wurden, er die ersten Fünfen nach Hause brachte und zum ersten Mal ein Hinweis auf seine gefährdete Versetzung im Halbjahrszeugnis stand.

Seine Eltern schimpften nur wenig. Sie hielten die Fünfen für Ausrutscher und waren sauer auf die Lehrer, die so gar kein Verständnis für außergewöhnliche Talente zu haben schienen. Dabei traf das zumindest für Herrn Borchert nicht zu. Er unterstützte Martin, hatte ihm aber auch gesagt: „Irgendwann musst du dich entscheiden. Du gehörst nicht zu den Überfliegern in der Schule. Vokabeln und mathematische Formeln muss jeder lernen. Wenn du wirklich eine Fußballkarriere machen willst, solltest du dich vielleicht erst mal mit einem Hauptschulabschluss begnügen. Ein so guter Realschulabschluss, dass es für den Übertritt zum Gymnasium reicht, wie deine Eltern es wollen …" Herr Borchert hatte den Kopf geschüttelt. „Man muss doch realistisch bleiben. Wenn du so weitermachst, schaffst du nicht mal die Versetzung im Sommer."

Und so war es auch gekommen. Viele Arbeiten hatte Martin gar nicht zu Hause vorgezeigt – um seine Eltern, die gute Noten *und* viele Tore von ihm erwarteten, nicht zu enttäuschen.

Von seiner ersten Siegprämie für das gewonnene Turnier in der Türkei hatte er sich sein Traumfahrrad gekauft: Es hatte einen blausilbrigen Rahmen, eine 28-Gang-Schaltung und Sportgriffe.

Jedes Mal, wenn er mit seinem Fahrrad unterwegs war und die neidischen Blicke der anderen ihm folgten, freute er sich. Er konnte zwar nicht wie sie ins Kino gehen und herumhängen, aber dafür konnte er sich von seinem eigenen Geld solche Träume erfüllen. Und wenn er erst mal als Profi in der Ersten Liga spielen würde, dann würde er mit einem dunkelroten Porsche um die Ecken fegen. Dafür verzichtete er gerne auf seine Freizeit. Von nichts kommt nichts!

10

Als Martin am Montag nach dem katastrophalen Spiel mit seinem Fahrrad auf den Schulparkplatz kam, stand Mandy schon da und wartete auf ihn.

„Hey, geiles Fahrrad!", begrüßte sie ihn.

Wütend bremste Martin ab und sprang direkt vor ihre Füße. Na, die Frau hatte Nerven! Erst versaute sie ihm das Spiel und dann stand sie da und tat so, als wäre nichts gewesen.

„Ich hab keinen Bock mehr auf das Theater!", schrie er sie an. „Warum lässt du mich nicht endlich in Ruhe? Ich hab gezahlt. Was willst du noch?"

Mandy sah ihn lächelnd an. „Auch so ein cooles Fahrrad wie du."

„Dann kauf dir eins!" Martin stellte sein Fahrrad ab und verschloss es mit zwei starken Schlössern.

„Würde ich ja gerne. Aber woher soll ich das Geld nehmen? Ich kann nicht Fußball spielen. Ich hab dich beobachtet. Du bist 'n echtes Talent. Du wirst mal ganz nach oben kommen. Und dann werde ich stolz sein, dass ich dich gekannt habe."

„Wenn du weiter hinter dem Tor stehst, komm ich überall hin, aber bestimmt nicht nach oben!", fauchte Martin sie an. „Vergiss mich doch einfach!"

„Na, das wäre doch schade." Mandy tänzelte um Martins Fahrrad herum, streichelte über die Lenkstange, klingelte, kratzte ein wenig Dreck von den Pedalen.

„Total das geile Fahrrad."

„Danke, das weiß ich selber."

„Du kannst dir noch viele Fahrräder kaufen. Vielleicht schon nach dem Superspiel in München. Ich hab gehört, dass Fußballspieler tolle Prämien kriegen."

„Ich will kein neues Fahrrad kaufen. Ich hab eins."

„Noch", sagte Mandy. „Noch hast du eins."

Martin, der gerade seine Schultasche unter den Arm klemmen und Mandy einfach stehen lassen wollte, blieb vor Schreck die Luft weg. Er brachte kein Wort heraus. Entsetzt starrte er Mandy an. Das konnte sie doch nicht machen! Nicht sein Fahrrad!

„Ich möchte das Fahrrad haben", sagte sie da auch schon mit einer ganz leisen Stimme, so als würde sie ihn um eine Zigarette oder um einen Kaugummi bitten.

„Bist du total übergeschnappt?" Martin hatte seine Stimme wiedergefunden. Böse fauchte er sie an: „Ich lass mich nicht erpressen."

„Nee, tust du das nicht? Ach, wie schade. Ich hatte mich schon so auf das Fahrrad gefreut. Stell dir vor, wie ich durch die Straßen fegen würde."

Aber das war das Letzte, was Martin sich vorstellen wollte. „Wenn du mein Fahrrad haben willst, musst du es schon klauen. Aber das schaffst du nicht. Gegen Diebe habe ich vorgesorgt."

Er zeigte auf seine beiden Schlösser, mit denen er das Vorder- und das Hinterrad an den Metallpfosten gekettet hatte. Dann lief er wütend davon.

Als er sich noch einmal umdrehte, sah er, wie Mandy auf seinem Fahrrad saß und das Lenkrad so drehte, als würde sie gerade um eine Kurve fahren. Sie winkte ihm zu und stieg langsam ab.

Mathe, Englisch, Bio und dann zwei Stunden Sport. Normalerweise war der Montag Martins Lieblingstag wegen der letzten beiden Stunden. Aber heute wünschte er sich sogar, dass Herr Borchert krank wäre und die Sportstunden ausfielen.

Während die Klasse zum Aufwärmen zwei Runden um den Sportplatz lief, beobachtete Martin, wie Mandy plötzlich aufhörte, sich den Bauch hielt und zu Herrn Borchert lief. Sie redete auf ihn ein. Wahrscheinlich tat sie mal wieder so, als hätte sie Bauchschmerzen. Mandy lief nicht gerne, schon gar nicht um den Sportplatz herum. Sie durfte sich für den Rest der Stunde auf eine Bank setzen und zuschauen.

In den letzten 20 Minuten ließ Herr Borchert die Klasse Fußball spielen, was die meisten Schüler – allen voran Martin – liebten. An diesem Tag aber hätte sich Martin am liebsten an den Spielfeldrand gesetzt und zugeschaut, denn Mandy machte sich einen Spaß daraus, jedes Mal, wenn Martin sich den Ball erspielte, laut zu rufen: „Boah ey! Ist der gut!"

Seine Mitschüler lachten, vor allem, wenn Martin dann einen roten Kopf bekam, ihr einen wütenden Blick zuwarf und prompt den Ball an den Gegner verlor.

„Bist du in die verknallt oder warum wirst du rot?", wollte Patrick zornig wissen. „Wegen dir verlieren wir noch das Spiel!"

Selbst Herr Borchert musste über Mandy grinsen und gab Martin den Rat: „Das musst du aber noch lernen, wenn du wirklich ein ganz Großer werden willst: Es gibt immer Zuschauer, die einen durcheinanderbringen wollen. Cool bleiben!"

Wie sollte man cool bleiben, wenn man vor Wut schäumte und seine Wut auch noch unterdrücken musste? Martin war froh, als die Sportstunde endlich vorbei war.

Nach dem Unterricht sagte Mandy so laut, dass Martin es hören konnte: „Haben Sie noch einen

Moment Zeit, Herr Borchert? Ich möchte mit Ihnen reden."

Der Lehrer schaute sie etwas verwundert an. „Probleme?"

Mandy nickte. „Es geht um die Mathearbeit."

Herr Borchert schaute auf seine Uhr. „Ich hab jetzt noch Unterricht. Aber wie wäre es, wenn du morgen in der ersten großen Pause zum Lehrerzimmer kommst? Dann habe ich mehr Zeit. Oder ist es so eilig?"

„Nein, nein. Bis morgen hat es schon noch Zeit." Sie warf Martin einen Blick zu. „München ist ja noch weit." Mit diesen Worten drehte sie sich um und schlenderte davon.

Herr Borchert schaute ihr verblüfft nach. Martin dagegen wusste sofort, was Mandy mit ihren Worten erreichen wollte.

Er fuhr ihr nach. Sie beachtete ihn zunächst gar nicht, ging stur weiter geradeaus.

„Willst du wirklich dem Borchert alles sagen?"

„Glaubst du, ich will immer zu Fuß gehen? Ich will auch so ein Fahrrad wie du."

„Du kannst gerne ab und zu mal fahren oder es dir am Nachmittag ausleihen. Jetzt sofort, wenn du willst." Martin hielt Mandy bereitwillig den Lenker hin.

„Pfff!", machte Mandy nur verächtlich. „Ab und zu ausleihen … Ich will es ganz haben."

„Wie stellst du dir das vor? Was soll ich meinen Eltern sagen?"

„Liest du keine Zeitung? Jeden Tag werden zig Fahrräder geklaut. Ihr habt doch 'ne Versicherung. Du musst bloß behaupten, dass es dir gestohlen wurde, am Sportplatz oder an der Schule, was weiß ich. In vier Wochen hast du das Geld und kannst dir ein neues kaufen."

„Das ist Betrug!"

Mandy lachte. Sie hielt sich den Bauch vor Lachen. „Du redest von Betrug!", kreischte sie schließlich. „Was war dann das mit der Mathearbeit?"

„Aber …"

„Betrug ist Betrug! Du wolltest 'ne gute Note, ich will ein Fahrrad. Als du in der Tasche vom Borchert gewühlt hast, hattest du auch keine Skrupel. Wo ist der Unterschied?"

Es war nicht das Gleiche, aber Martin fehlten die Worte, um ihr das klarzumachen. Und so schob er sein Fahrrad einfach nur neben ihr her und hoffte irgendwie, dass dieses Gespräch nur ein böser Traum war, aus dem er jeden Moment aufwachen würde.

Zum Abschied sagte Mandy: „Du kannst es dir bis morgen überlegen. Ich bin erst zur großen Pause mit ihm verabredet. Du hast die freie Wahl: Ich krieg dein Fahrrad oder … ade Versetzung, ade München … ade Fußballkarriere."

Sie winkte ihm fröhlich zu und verschwand im Hausflur eines Wohnblocks.

11

Zu Hause angekommen, schleuderte Martin seine Schultasche in den Flur, warf sich auf sein Bett und schaltete den Fernseher ein. Planlos zappte er von einer Talkshow zur anderen. Normalerweise lauschte er mit mehr oder weniger großem Interesse den Problemen der Menschen im Fernsehen und freute sich, dass es ihm besser ging.

An diesem Nachmittag aber glaubte er, niemand könne größere Probleme haben als er. Sein trainingsfreier Nachmittag, den er sonst immer genossen hatte, tröpfelte vor sich hin und wollte kein Ende nehmen. Jetzt hätte er eigentlich für den letzten Englischtest lernen können, aber die Fünf in Englisch stand so oder so fest, und irgendwie machte alles keinen Sinn mehr.

Schließlich holte er sein Fahrrad aus dem Keller und fuhr durch den Park, die Straßen, am Fußballplatz vorbei. Überall spielten fröhliche Kinder. Jugendliche saßen auf den Bänken oder fuhren

mit ihren Inlinern durch die Straßen. Auf dem Fußballplatz wurde gebolzt.

Alle hatten ihren Spaß, aber ihn machte das
Fahrradfahren nur noch trauriger. Vielleicht waren
es ja die letzten Runden, die er mit dem Fahrrad
drehte. Vielleicht gehörte es morgen schon nicht
mehr ihm.

Zu Hause legte er sich wieder auf sein Bett. Jetzt
hätte er einen echten Freund gebraucht, mit dem
er besprechen könnte, was er machen sollte. Aber
da war niemand.

Jan? Im Grunde kannte er ihn überhaupt nicht.
Es war ein Unterschied, ob man von jemandem die
Hausaufgaben abschrieb oder ob man ihm ein
Geheimnis anvertrauen konnte. Jetzt bedauerte
Martin, dass er sich nicht öfter mit Jan getroffen
hatte. Wie oft hatte Jan ihn gefragt, ob er Lust
habe, zu ihm nach Hause zu kommen? Aber Martin
hatte abgelehnt, selbst wenn seine Terminplanung
ein Treffen zugelassen hätte. Ihm reichten seine
Freunde beim Fußball. Um Jan kümmerte er sich
nur so viel, dass der ihn immer wieder abschreiben
ließ.

Im letzten Jahr waren sie einmal gemeinsam zu
einem Fußballspiel gegangen: HSV gegen Juventus Turin. Für Jan war es das erste Spiel, das er live
miterlebte, und auch Martin hatte nicht oft Gele-

genheit, sich Spiele von der Tribüne anzuschauen. Und so hatte er es besonders genossen, neben Jan zu stehen, Eis zu essen und den Spielern auf dem Rasen zuzusehen. Fankurve, Block 24A.

Sie standen eingekeilt zwischen Fahnen schwenkenden Fans in ihren mit Aufnähern übersäten Westen. Als die Mannschaften auf das Spielfeld liefen, fingen die Menschen an zu jubeln.

„Haa … Ess … Vauu!", ertönte es von überall her.

Aus der Fangemeinde von Juventus Turin kam postwendend die Antwort: „Juuuve … Juuuve!"

Das Stadion tobte. „We are the champions!", grölte die Menge.

„Warum sitzen die Fangruppen so weit auseinander?", wollte Jan wissen.

„Damit die sich nicht gegenseitig verprügeln. Nach wichtigen Spielen lässt die Polizei sogar erst nur die auswärtigen Fans raus. Wenn die dann Richtung Bus oder Bahnhof abgezogen sind, dürfen die HSV-Fans das Stadion verlassen."

Jan schaute sich ein wenig ängstlich um. Neben ihm stand ein Mann mit einem Riesenbecher Bier in der Hand. Jedes Mal, wenn er in Richtung Tor winkte und jubelte, schwappte das Bier aus seinem Becher. Auch auf Jans Jacke waren schon einige Tropfen gespritzt. Angeekelt verzog Jan das Gesicht und rückte ein wenig weg, soweit das bei dem Gedränge überhaupt möglich war.

Hinterher blieben sie noch lange im Stadion, als alle anderen Zuschauer längst gegangen waren. Da erzählte Martin Jan von seinem großen Traum, später einmal bei Real Madrid als Stürmer zu spielen, und Jan hatte versprochen ihn dann in Spanien zu besuchen.

Dieser Nachmittag hätte der Beginn einer Freundschaft werden können, aber Martin wurde kurz nach den Ferien in die Landesauswahl berufen und hatte noch weniger Freizeit als vorher.

Wenn Jan enttäuscht war, so zeigte er es nicht. Er verstand, dass Martin so viel trainieren musste, damit er eines Tages bei Real Madrid spielen konnte. Und er half ihm auf seine Weise, indem er Martin seine Hausaufgaben zum Abschreiben gab.

Martin wusste, dass Jan jedes Spiel, zu dem er Freikarten bekam, allein besuchte. Auch wenn Martin spielte, kam er regelmäßig.

Jan würde ihm sicher zuhören und ihm helfen – wenn da nicht die Sache mit der Mathearbeit gewesen wäre. Jan war sehr ehrgeizig und hatte in der Arbeit nur eine Drei geschrieben. Er hatte sich mit Martin über dessen Zwei ehrlich gefreut, so als hätte er sie selbst geschrieben. Aber würde er auch noch so denken, wenn er die ganze Wahrheit wüsste? Würde er Martin, den er bis jetzt bewunderte, dann nicht verachten?

Nein, mit Jan konnte er nicht über Mandy reden. Irgendwie musste er da allein durch.

Martin lag auf seinem Bett und bedauerte sich selbst. Das Leben hätte so schön sein können – ohne eine Mandy, die unbedingt sein Fahrrad haben wollte.

Auf einmal hatte er eine Idee. Wenn er Mandy das Fahrrad gab und es als gestohlen meldete, würde die Polizei es über kurz oder lang finden. Farbe, Gestellnummer, das alles hatte sein Vater sorgfältig in seinem Fahrradpass vermerkt, damit man es bei einem Diebstahl sofort wiedererkennen würde. Die Polizei würde Mandy als Diebin verhaften. Sie würde vielleicht von der Schule fliegen. Das konnte sie unmöglich riskieren.

Aufgeregt sprang Martin vom Bett. Er würde ihr sein Fahrrad leihen, nicht nur einmal, sondern an allen Tagen, wenn er Training hatte. Dann brauchte er es sowieso nicht.

In seiner Schultasche suchte er nach der Klassenliste mit Mandys Telefonnummer. Er war so glücklich, dass ihm der Fahrradpass eingefallen war, dass er unmöglich bis morgen warten konnte, um mit Mandy zu sprechen.

Er wählte die Nummer, aber niemand meldete sich. Den ganzen Nachmittag lief er zwischen seinem Computer und dem Telefon hin und her, bis er endlich am späten Nachmittag ihren Vater erreichte.

„Mandy ist nicht da", sagte er. „Bist du ein Freund von ihr?"

„Äh – nicht direkt", stotterte Martin. „Ich bin in ihrer Klasse. Wo ist sie denn? Ich muss ganz dringend mit ihr sprechen."

Mandys Vater lachte. „Wenn ich das wüsste … Keine Ahnung, wo sie sich mal wieder rumtreibt. Sagst du immer zu Hause Bescheid, wo du hingehst?"

„Ja … doch … eigentlich schon."

„Braver Junge."

Als Martin gerade wieder auflegen wollte, sagte Mandys Vater: „Warte mal. Vielleicht hast du auf dem Bauplatz Glück. Da trifft sie sich oft mit ihren Kumpels."

Martin bedankte sich und legte auf. Die „Kumpels", von denen der Vater gesprochen hatte, waren bestimmt ihre Freundinnen aus der Viererbande. Mandy allein war schon schlimm genug, aber alle vier zusammen wollte Martin nicht unbedingt treffen.

Er setzte sich an seinen Schreibtisch und schlug sein Englischbuch auf. Frau Meyer wollte morgen den letzten Vokabeltest vor den Ferien schreiben. Thema: unregelmäßige Verben – die hatte Martin schon immer gehasst.

„To wake, woke, woken … to tell, told, told … to bring, brought, brought …" Martin las die Wörter laut vor, einmal, zweimal. Es hatte keinen Sinn; die Wörter wollten einfach nicht in seinem Kopf bleiben. Alle Gehirnzellen schienen nur mit den

Gedanken an Mandy und daran, wie er sein Fahrrad vor ihr retten konnte, beschäftigt zu sein.

Schließlich gab er auf. Er klappte sein Buch zu und verließ die Wohnung. Es war egal, welche Note er morgen schrieb. Die Fünf in Englisch stand bereits fest, da würde auch eine Zwei im Test nichts mehr retten. Und die würde er ohnehin nicht schreiben, selbst wenn er die ganze Nacht durchlernte.

12

Mit seinem Fahrrad fuhr er zum Bauplatz, der mitten in der Hochhaussiedlung lag, umgeben von der einzigen Grünfläche der ganzen Gegend, auf der es erlaubt war, Fußball zu spielen. Die Stadt betrieb auf dem Gelände ein Jugendhaus, um die Jugendlichen von der Straße zu holen und in ihrer Freizeit sinnvoll zu beschäftigen. Hier fanden Grillabende statt. Es gab eine Skateboardanlage. Nachmittags konnte man Tischtennis oder Basketball spielen, am Wochenende wurden Diskos veranstaltet. Zurzeit war das Haus mal wieder geschlossen. Die Stadt hatte kein Geld für die Sozialarbeiter.

Martin war noch nie hier gewesen. Er schloss sein Fahrrad an einen Zaun an und ging zu Fuß über den Platz. Er wollte lieber nicht riskieren, dass die Viererbande sein Fahrrad sah.

Neben dem Jugendhaus standen drei Bretterbuden, die die Jugendlichen selbst gebaut hatten. An diesem späten Nachmittag war nicht mehr viel los auf der Anlage. Zwei kleine Jungen übten mit ihrem Skateboard die Abfahrt vom großen Looping, sonst sah Martin niemanden. Er ging am Jugendhaus vorbei, als er plötzlich laute Stimmen hörte. Sie kamen aus einer der Bretterhütten.

Leise schlich er näher heran und schaute durch einen Spalt in der Rückwand. Was er dort sah, ließ ihn vor Schreck zurückspringen: Mandy und ihre Freundinnen.

Im ersten Moment wollte Martin weglaufen. Aber dann schaute er doch wieder durch den Spalt. Die vier Mädchen saßen im Kreis und rauchten. Zwischendurch tranken sie aus einer Bierflasche, die sie herumgehen ließen.

Was Martin aber am meisten erschreckte, war das zusammengekrümmte Knäuel in der Mitte des Kreises. Zunächst konnte er nur ein Büschel Haare und Kleidung erkennen. Die Arme waren schützend um den Kopf gelegt.

Uli stieß mit dem Fuß gegen das Knäuel, das sich daraufhin bewegte und leise stöhnte. „Hey, du!", sagte sie. „Rückst du das Geld jetzt raus oder willst du die ganze Nacht hierbleiben?"

Das Knäuel schwieg.

Uli stieß wieder mit dem Fuß nach ihm, diesmal stärker. Das Knäuel schrie leise auf. Uli lachte, die anderen fielen grölend ein.

Martin lief es bei diesem Lachen kalt den Rücken herunter. Uli war das attraktivste der vier Mädchen. Lange blonde Haare, blaue Augen – die Lehrer mochten sie, weil sie so höflich war. Auch einige Jungen aus seiner Klasse fanden sie total cool. Selbst Martin musste zugeben, dass sie toll aussah, und hatte eine Weile für sie geschwärmt. In diesem Moment allerdings war er nur erschrocken. Wenn die Lehrer oder die anderen Jungen sie so gesehen hätten … – aber leider würde er niemandem hiervon erzählen können.

„Na, wird's bald!", zischte Uli wieder.

„Hab kein Geld mehr!", flüsterte das Knäuel.

Die vier Mädchen lachten. „Sie hat kein Geld mehr! Oh, die Arme, die Aaarme!", sangen sie im Chor.

„Haben wir ihr nicht drei Tage Zeit gegeben?", fragte Patty.

„Haben wir!", sagten die anderen im Chor.

„Und: Hat sie das Geld gebracht?", fragte Patty wieder.

„Hat sie nicht!"

„Und darum muss sie jetzt die ganze Nacht hierbleiben und nachdenken, woher sie das Geld nimmt." Patty kippte den Rest aus der Bierflasche über dem kleinen Knäuel aus. Dann stand sie auf und ging nach draußen. Ihre Freundinnen folgten ihr, nicht ohne vorher dem Knäuel noch einen Fußtritt gegeben zu haben.

Das Knäuel zuckte jedes Mal zusammen und krümmte sich noch ein wenig mehr.

Lachend zogen die vier ab.

„Morgen früh haben wir sie weichgekocht. So eine Nacht alleine mit all den Spinnen hat bis jetzt noch jeden geschafft." Das war Ulis Stimme.

Martin wartete, bis die Stimmen sich entfernt hatten. Dann schlich er vorsichtig zur Tür der Hütte. Die Mädchen hatten einen dicken Stein davorgeschoben. Martin brauchte seine ganze Kraft, um ihn wegzuschieben. Endlich konnte er die Tür öffnen.

Im Innern der Hütte lag das Knäuel immer noch bewegungslos. Martin kniete sich daneben und schüttelte es vorsichtig an der Schulter. Das Knäuel stöhnte leise.

„Ist ja gut", sagte Martin leise. „Es ist vorbei."

Vorsichtig hob sich der Kopf und Martin sah in zwei große, braune Augen, die ihn ängstlich und misstrauisch ansahen.

„Sind sie weg?"

Martin nickte. „Und wir sollten jetzt auch so schnell wie möglich verschwinden. Bist du verletzt?"

„Bestimmt alles voller blauer Flecken."

Martin half dem Mädchen, das vielleicht zwölf Jahre alt war, aufzustehen. Dann schaute er vorsichtig durch die Tür nach draußen. Es war niemand zu sehen. Sie gingen hinaus, Martin machte die Tür zu und schob den schweren Stein wieder davor. Jetzt war von außen nicht zu sehen, dass die Hütte leer war. Schade, dachte Martin, dass er Mandys Gesicht nicht sehen konnte, wenn sie am nächsten Morgen die Tür öffnen würde.

Gemeinsam gingen sie über den leeren Bauplatz. Das Mädchen humpelte leicht. Martin betrachtete es von der Seite. „Warum wollen die Geld von dir?"

„Gute Frage. Ich hatte einfach nur Pech, weil ich ihnen über den Weg gelaufen bin."

„Erpressen sie dich?"

Das Mädchen schüttelte den Kopf. „Sie sagen, sie sind das Sicherheitskommando auf dem Schulweg. Wer nicht zahlt, wird zusammengeschlagen. In meiner Klasse zahlen viele, damit sie zur Schule gehen können."

„Aber warum sagst du deinen Eltern nichts?"

Das Mädchen fing an zu schluchzen. „Uli sagt, dann werden sie Pfiffi vergiften."

„Pfiffi?"

„Meinen Hund."

„Das werden sie nicht wagen."

Das Mädchen lachte. „Hast du eine Ahnung, was die alles können. Sabines Katze ist verschwunden – seit dem Tag, an dem sie sich geweigert hat zu zahlen. Es ist besser, man gibt ihnen das Geld."

„Und woher willst du es nehmen?"

„Ich frag meine Oma. Ich erzähl ihr irgendwas." Sie unterbrach sich plötzlich und rief: „Achtung!"

Dann sprang sie hinter einen Busch und war verschwunden.

Martin war viel zu verblüfft, um zu reagieren, und so lief er Mandy direkt in die Arme.

„Was machst du denn hier?", fragte sie ihn, mindestens so überrascht wie er.

„Ich … ich … ich hab dich gesucht." Martin schwitzte vor Angst.

Mandy sah ihn misstrauisch an. „Schleichst du schon lange hier über den Platz? Verfolgst du mich etwa?"

„Nee … ich bin gerade … vor zwei Minuten … ich musste noch lernen … und vorher …"

„Is ja gut", unterbrach sie ihn. „Ich will gar nicht wissen, was du den ganzen Tag gemacht hast. Ich will nur wissen, seit wann du hier bist."

„Ge…rade angekommen. Ich wollte mit dir über das Fahrrad sprechen. Dein Vater hat gesagt, du bist hier."

„Wow, hast du solche Sehnsucht nach mir? Kannst du nicht bis morgen abwarten? Oder soll ich das Fahrrad gleich abholen? Wo ist es?"

„Da gibt es ein Problem. Mein Fahrrad ist bei der Polizei registriert, Gestellnummer und so. Mein Vater hat alles in den Fahrradpass geschrieben. Wenn ich den Diebstahl melde, werden sie dich verhaften."

Mandy lachte. „Na, das hättest du wohl gerne. Aber keine Sorge. So schnell verhaften die mich nicht. Ich kenn jemanden, der spritzt mir das Fahrrad um, und 'ne neue Gestellnummer kriegt es auch. Wann ist die Übergabe? Soll ich gleich mitkommen?"

„Besser nicht. Meine Eltern sind da."

„Na, du hast recht. Es ist glaubwürdiger, wenn es in der Schule geklaut wird. Da passiert alle naselang was. Wir sehen uns morgen."

„Bleibst du noch hier?" Obwohl Martin froh gewesen wäre, wenn er jetzt einfach hätte abhauen können, wollte er doch nicht, dass Mandy zu der Bauhütte ging.

„Sei nicht so neugierig! Ich hab noch was zu erledigen. Nix für kleine Jungs. Geh lieber nach Hause und putz dein Fahrrad. Ich mag's nicht dreckig übernehmen." Mit diesen Worten ging sie weiter, ohne sich um ihn zu kümmern.

Martin sah ihr nach, bis sie um die nächste Ecke verschwunden war. Wenn sie tatsächlich zur Bretterhütte ging und feststellte, dass sie leer war, dann würde sie ihn verdächtigen. Und dann hatte er ein weiteres Problem!

In diesem Moment raschelte es in den Büschen. „Los, weg hier! Die wird 'ne Mordswut haben, wenn sie gleich zurückkommt." Das Mädchen zog ihn am Arm. Gemeinsam rannten sie die Straße entlang, bis zur Kreuzung.

„Danke und tschüss!", rief das Mädchen ihm zu und rannte davon. „Ich muss noch zu meiner Oma."

Martin wusste nicht einmal ihren Namen. Er stand da und schaute ihr nach. Hoffentlich bekam sie das Geld, sonst würde es wohl ziemlich unangenehm für sie werden.

Er holte sein Fahrrad und fuhr langsam nach Hause zurück. Jetzt hatte er zwei Probleme. Er konnte nur hoffen, dass Mandy ihm geglaubt hatte. Würden sie ihn auch einsperren? Mit den Füßen treten? Er war stärker als Mandy, aber gegen alle vier zusammen hatte er kaum eine Chance. Und wie brutal die vier waren, hatte er ja gesehen: Sie griffen Mädchen an, die viel kleiner als sie waren, schreckten nicht davor zurück, Katzen zu entführen und Hunde zu vergiften.

Martin wurde schlecht vor Angst bei dem Gedanken, was Mandy mit ihm machen würde, wenn sie sein Fahrrad nicht bekäme. Und sie würde es nicht bekommen. Alles, nur nicht sein Fahrrad!

13

Als er nach Hause kam, wartete sein Vater schon ungeduldig auf ihn. Er zeigte Martin stolz seine neue Digitalkamera, die er extra für Martins großen Auftritt in München gekauft hatte. Er übte den ganzen Abend mit der Kamera und Martin und seine Mutter mussten Modell stehen.

„Stellt euch vor, ich begegne Beckenbauer im Fußballstadion oder Olli Kahn schüttelt Martin die Hand – und ich versaue dann das Bild. Nee, nee, das muss 100-prozentig klappen. So eine Gelegenheit kommt vielleicht nie wieder."

Auch Martins Mutter hatte noch Einkäufe für München gemacht. Sie war in der Stadt gewesen, um sich ein neues Kleid zu kaufen. Mit ihrem Sommerhut und den neuen Schuhen stolzierte sie im Wohnzimmer auf und ab, während der Vater ein Bild nach dem anderen schoss.

„Meine Kolleginnen sind schon ganz neidisch", sagte die Mutter. „Dabei wissen die gar nicht, wie viel Zeit und Mühe es gekostet hat, bis Martin so weit war. Jetzt kann ich endlich mal seinen Erfolg genießen!"

Martin beobachtete seine Eltern mit gemischten Gefühlen. Einerseits war er froh und dankbar, dass sie so hinter ihm standen und Zeit für ihn hatten, damit er erfolgreich Fußball spielen konnte. Andererseits machten sie ihm Angst.

„Es kann doch sein, dass was dazwischenkommt und ich vielleicht nicht spielen kann." Martin wollte testen, wie sie reagierten.

Sie waren genauso entsetzt, wie er befürchtet hatte. „Hat dein Trainer etwa die Nominierung zurückgezogen? Weil du in letzter Zeit nicht so gut in Form warst?", wollte sein Vater aufgeregt wissen. „Das kann er doch nicht machen! Jeder hat mal ein Tief. Aber bis München kriegst du das wieder hin, oder?"

„Natürlich, Vater. Jeder hat mal ein Tief", versuchte Martin ihn zu beruhigen. „Und ich …"

„Was soll denn dazwischenkommen?" Seine Mutter unterbrach ihn und sah ihn erstaunt an. „Du bist nominiert worden."

Sie wirkte auf einmal sehr besorgt. „Geht es dir nicht gut? Du siehst wirklich ein wenig blass aus. Wir fangen am besten gleich mit einer Bachblütenkur an, vorbeugend gegen Grippe."

„Ich bin nicht krank!", protestierte Martin. Er hasste die Tropfen.

Aber gegen seine Mutter hatte er keine Chance. „Noch nicht!", sagte sie und war schon im Badezimmer am Medizinschrank. „Und wir wollen auch nichts riskieren. Nicht auszudenken, wenn deine Mannschaft in München aufs Spielfeld läuft und du liegst krank im Bett."

Sie verpasste ihm eine Höchstdosis der Tropfen.

An diesem Abend konnte Martin nicht einschlafen. Er wälzte sich von einer Seite auf die andere. Wenn er doch einmal eindöste, erschien ihm Mandy im Traum. In der einen Hand hielt sie einen Fußball, in der anderen sein Fahrrad.

„Entscheide dich!", rief sie ihm zu.

„Ich kann nicht! Ich will nicht! Lass mich in Ruhe!", schrie er immer wieder – bis seine Mutter ihn wachrüttelte.

Mit zerzausten Haaren stand sie neben seinem Bett. „Junge, was ist los mit dir? Du hast ja Fieber. Du bist ganz heiß."

Sie machte ihm Wadenwickel und kochte Fiebertee. Erst gegen Morgen schlief er endlich ein.

Es war schon heller Tag, als ihn das Klingeln des Telefons neben seinem Bett weckte. Verwirrt richtete er sich auf und nahm den Hörer ab.

Es war seine Mutter. „Wie geht es dir? Hast du noch Fieber?", fragte sie besorgt. „Du hast heute Morgen so fest geschlafen, dass ich dachte, du bleibst besser zu Hause."

Martin hatte Schmerzen im Kopf und im Hals. Im Grunde tat ihm alles weh. Aber er sagte: „Ist schon in Ordnung. Es geht mir besser."

„Bleib im Bett liegen. Ich komme heute früher nach Hause."

Martin ließ sich in sein Bett zurückfallen. Doch kaum hatte er die Augen geschlossen, da stand sie wieder vor ihm, mit dem Fahrrad und dem Ball in den Händen: „Entscheide dich!"

Mit einem Ruck fuhr er hoch. Wie spät war es?

9.10 Uhr. Mandy! Die große Pause begann in 25 Minuten.

Martin stürzte aus dem Bett, zog sich Hose und T-Shirt über und rannte ohne zu frühstücken aus der Wohnung. In Rekordzeit fuhr er zur Schule, schloss sein Fahrrad ab und spurtete, gerade als es zur Pause klingelte, über den Schulhof.

Wild mit den Armen rudernd, versuchte er sich gegen den Strom der Schüler, die aus allen Klassenzimmern in den Pausenhof stürmten, seinen Weg freizuschaufeln.

Mehrmals wurde er durch die Menge an die Wand gedrückt oder rückwärts getrieben. Und mit jeder Minute wuchs die Gefahr, dass Mandy Herrn Borchert alles erzählte.

Völlig außer Atem kam er endlich vor dem Lehrerzimmer an, wo Herr Borchert und Mandy bereits in ein ernstes Gespräch vertieft schienen. Zu spät!, dachte Martin. Seine Beine zitterten. Er stolperte, fing sich wieder und rannte die letzten Schritte.

„Mandy!", schrie er. „So warte doch!"

Erschrocken sahen Mandy und Herr Borchert ihn an.

„Ach, ich dachte, du kommst nicht mehr", sagte Mandy.

Martin holte keuchend Luft, wollte etwas sagen, aber in diesem Moment wurde ihm schwarz vor Augen und er fiel auf den Boden.

Als er ungefähr zehn Minuten später wieder aufwachte, lag er auf der Pritsche im Krankenzimmer. Herr Borchert und ein weiterer Lehrer standen neben ihm und betrachteten ihn besorgt und gleichzeitig erleichtert. Mandy war nicht zu sehen.

War er noch rechtzeitig gekommen? Ängstlich forschte Martin in Herrn Borcherts Gesicht. Aber der Lehrer schien nicht wütend oder ärgerlich zu sein, sondern einfach nur besorgt, weil Martin so plötzlich in Ohnmacht gefallen war.

Erleichtert holte Martin Luft. Das war noch mal gut gegangen. Mandy hatte nichts verraten.

„Na, du hast uns aber einen Schrecken eingejagt", meinte Herr Borchert. „Am besten bleibst du noch eine Weile liegen. Ich muss in den Unterricht, aber zwischendurch schaue ich nach dir."

Martin war übel. Schließlich hatte er noch nichts gegessen. Die Schulsekretärin versorgte ihn mit Wasser und einem Butterbrot. In der nächsten Pause hatte er sich so weit erholt, dass er nach Hause gehen konnte.

„Bist du sicher, dass du das alleine schaffst? Kann dich nicht jemand abholen?" Herr Borchert betrachtete besorgt Martins immer noch sehr blasses Gesicht.

„Es geht schon. Meine Mutter kommt früher nach Hause."

Vorsichtshalber begleitete Jan ihn. „Bist du mit dem Fahrrad da?", fragte er.

Martin nickte. Er wollte Jan seinen Schlüssel geben. Aber der war nicht mehr da. Weder in seiner Hosentasche noch auf dem Flur, wo Martin umgekippt war.

Martin durchwühlte erneut seine Hosentaschen. In der einen fand er einen Zettel, auf dem stand: „Das war eine gute Entscheidung in letzter Sekunde. Keine Sorge. Niemand erfährt etwas, von nichts!"

Keine Unterschrift, aber Martin erkannte die Schrift sofort: Mandy! Ein furchtbarer Gedanke kam ihm. Er rannte durch den Flur, die Treppe hinunter, durch die Pausenhalle, über den Schulhof zu den Fahrradständern.

Dort, wo er sein Fahrrad abgestellt hatte, war eine Lücke.

Martin setzte sich auf den Boden. Durch den Schreck und das schnelle Laufen war ihm wieder schwindelig geworden.

Jan kam angelaufen und hielt sich die Seiten. Er keuchte: „Spinnst du? Erst liegst du da wie ein Toter und dann rast du davon!"

„Mein Fahrrad ist weg." Martin konnte ein Schluchzen nicht unterdrücken.

„Dein Fahrrad? Bist du sicher, dass du es hier abgestellt hast? Hast du es vielleicht gar nicht abgeschlossen? Oder hast du den Schlüssel stecken lassen?"

Martin schüttelte den Kopf. Er hatte noch nie vergessen, sein Fahrrad abzuschließen.

Mandy hatte sich das Fahrrad genommen. Wahrscheinlich hatte sie geglaubt, er war gekommen, um es ihr zu geben. Hatte er das nicht wirklich vorgehabt? Martin wusste nicht, was er getan hätte, wenn er nicht in Ohnmacht gefallen wäre. Er wusste nur, dass es jetzt zu spät war. Sein Fahrrad war weg und er würde es wohl nicht wiederbekommen. Er hasste sie so sehr.

„Wo ist sie?", fragte er.

„Wer ‚sie'?"

„Mandy! Ich muss mit ihr reden."

Jan schaute ihn verwundert an. „Glaubst du, sie hat es geklaut?"

Martin schüttelte den Kopf. Geklaut konnte man ja nicht direkt sagen.

„Mandy hat Bauchweh, hat sie jedenfalls gesagt", erklärte Jan. „Herr Borchert hat sie nach Hause geschickt."

„Bauchweh!" Martin sagte das so verächtlich, dass Jan ihn wieder erstaunt ansah.

Wahrscheinlich war sie längst auf dem Weg zu ihrem Freund, der das Fahrrad umspritzte und die Gestellnummer änderte. Selbst wenn er sich jetzt auf die Suche machte oder die Polizei informierte, war wahrscheinlich schon alles zu spät.

Zu Hause gab es noch mehr Aufregung. Die Mutter war inzwischen zurückgekommen und hatte das leere Bett vorgefunden, in der Schule angerufen und von Martins Ohnmachtsanfall erfahren. Gerade wollte sie losfahren, um ihn abzuholen, als er zur Tür hereinkam: kreidebleich, mit hohem Fieber und mit Tränen in den Augen, weil sein Fahrrad verschwunden war.

Während sie ihm half, sich auszuziehen und ins Bett zu legen, schimpfte sie leise: „Wie konntest du so leichtsinnig sein? Was gab es so Dringendes in der Schule zu erledigen? Du bist doch krank. Und das schöne Fahrrad! Hoffentlich zahlt die Versicherung."

Martin war froh, dass er wieder in seinem Bett lag. Er zog die Bettdecke über den Kopf und wünschte sich, nie wieder aufstehen zu müssen.

An diesem Tag trainierte seine Mannschaft zum ersten Mal seit Monaten ohne ihn. Martin lag traurig zu Hause – aber nicht so sehr, weil er nicht Fußball spielen konnte. Wenn er sich vorstellte, dass

Mandy in diesem Moment mit seinem Fahrrad durch die Gegend fuhr, hätte er vor Wut heulen können.

Es dauerte einige Tage, bis er wieder auf den Beinen war.

Als er zum Training zurückkam, nahm ihn der Trainer beiseite. „Bist du wieder ganz fit?", wollte er wissen.

Martin nickte. Er war noch ein wenig schwach, aber es blieben ja drei Wochen bis zum Spiel. Bis dahin würde er wieder ganz gesund sein.

Die nächsten Worte seines Trainers trafen ihn wie ein Schlag: „Du weißt, wie viel ich von dir halte, Martin. Aber in letzter Zeit warst du nicht spitzenmäßig. Und jetzt noch deine Krankheit. Ich habe vorsichtshalber Karim als Ersatz für dich vor-geschlagen. Falls du ausfällst."

Martin war genauso entsetzt wie seine Eltern. So kurz vor dem Ziel und so nahe daran, alles zu ver-lieren.

Und schuld daran war nur Mandy! An diesem Abend war Martin so wütend auf sie, dass er in sei-nem Bett lag und mit beiden Fäusten auf sein Kopfkissen einschlug.

Als Martin das erste Mal wieder zur Schule ging, traf er Mandy auf seinem Fahrrad. Aber wie sie ja bereits gesagt hatte, war es nicht wiederzuer-kennen. Es war komplett rosa gespritzt worden.

Martin dachte, er habe noch nie ein so scheuß-
liches Fahrrad gesehen, aber das lag wohl nicht
nur an der Farbe.

Mandy jedenfalls war stolz auf ihr Fahrrad und
zeigte es allen, die es sehen oder auch nicht sehen
wollten.

„Hast du im Lotto gewonnen?", wurde sie gefragt.
Denn alle wussten natürlich, dass Mandy eigentlich kein Geld für so ein teures Fahrrad hatte.

„Ich hatte einen großzügigen Sponsor", meinte
Mandy dann nur grinsend.

„Wenn es nicht rosa wäre, könnte man denken,
sie hat dein Fahrrad geklaut. Oder findest du es
nicht merkwürdig, dass sie ausgerechnet seit dem
Tag ein neues Fahrrad hat, an dem deins verschwunden ist?", flüsterte Jan Martin zu.

Martin schwieg.

Auch nachmittags sah man Mandy nie mehr zu
Fuß. Ging sie mit ihren Freundinnen spazieren,
schob sie das Fahrrad.

„Ob sie es auch mit ins Bett nimmt?" Die ganze
Klasse machte sich über Mandy lustig. Nur Martin
konnte nicht lachen. Jedes Mal, wenn er Mandy
mit dem rosa Fahrrad sah, gab es ihm einen Stich.
Wie schön war es gewesen, als es noch blau – und
seins – gewesen war!

Martin sah ihr nach, wie sie stolz auf den Fahr-
radplatz fuhr und das Rad anschloss – und das mit
seinen Schlössern!

Diebstahlsicher, dachte Martin und ging schnell weiter. Sie sollte nicht sehen, dass er weinte.

14

Noch zwei Wochen bis zum Spiel in München. Die Spannung und Vorfreude bei allen Beteiligten wuchs. Nur bei Martin kam keine richtige Freude auf. Obwohl Mandy und ihre Freundinnen ihn in Ruhe ließen, konnte er sich nicht aufs Fußballspielen konzentrieren.

Jedes Mal, wenn sie auf „ihrem" Fahrrad an ihm vorbeirauschte und fröhlich klingelte, stieg eine ungeheure Wut in ihm hoch. Er hätte sie am liebsten vom Fahrrad gezogen, sie in den Dreck geworfen, sich auf sein Fahrrad gesetzt und …

Martin wusste genau, dass er niemals tun würde, was er sich in diesen Momenten ausdachte.

Eigentlich hätte er Mandy jetzt vergessen können. Sie saß nicht mehr auf der Tribüne, lauerte ihm nicht mehr beim Fahrradständer auf. Ihr grinsendes Gesicht tauchte nicht mehr mit irgendwelchen Sprüchen hinter dem Tor auf. Er hatte auf dem Spielfeld seine Ruhe.

Und doch war sie bei jedem Spiel dabei. Sie saß in seinem Kopf. Wie lange würde sie sich mit dem Fahrrad zufriedengeben? Wann würde sie mit neuen Forderungen kommen?

Die Angst, dass sie plötzlich doch wieder dastehen und Geld von ihm verlangen könnte, machte ihn verrückt. Manchmal, wenn er vor dem Tor stand, hatte er ihr Gesicht vor Augen: „Viele Grüße von Borchert!"

Martin merkte selbst, wie schlecht er spielte – und je schlechter er wurde, desto besser kam Karim ins Spiel. Es überraschte ihn nicht, als der Trainer ihn beiseitenahm und fragte: „Was ist bloß los? Wenn du dich nicht zusammenreißt, wirst du uns alle blamieren. Du vertrittst schließlich unseren Landesverband. Bist du immer noch krank? Irgendwas stimmt doch nicht."

Für einen Moment überlegte Martin, ob er ihm die Wahrheit sagen sollte. Aber nur für einen kurzen Moment. Dann schüttelte er den Kopf. Ihm konnte niemand helfen.

Als Martin zwei Tage später mit Jan in die Klasse kam, hatte sich vor der Tafel eine Schülertraube gebildet. An der Tafel prangte, mit vier roten Magnetherzen befestigt, ein Zeitungsartikel.

„Du siehst richtig süß aus auf dem Foto!", rief Patricia ihm zu.

„Ich wusste gar nicht, dass du schon so viel Kohle verdienst!" Das war Armin.

Neugierig kam Martin näher. An der Tafel hing der Artikel mit dem Interview, das der Reporter vor einigen Wochen nach dem Spiel mit ihm gemacht hatte. Er war gestern in der Lokalzeitung erschienen, aber weder seine Eltern noch er hatten Zeitung gelesen.

„Jungtalent Martin am Anfang einer großen Karriere", lautete die Überschrift.

„500 Euro! Wow!", meinte Mandy, ohne ihn anzusehen.

„Das kriegt er, damit die anderen Vereine ihn nicht abwerben", erklärte Benno. „Das ist bei meinem Freund auch so. Das machen die, damit sie ihre guten Talente halten."

„500 Euro im Monat sind 'ne Menge Kohle." Das war wieder Mandys Stimme. Sie stand mitten unter den anderen, aber mit ihren Gedanken schien sie weit weg zu sein. Und Martin konnte sich denken, was sie plante.

Dabei stimmte es nicht einmal. Und auf einmal war es Martin sehr wichtig, dass es alle erfuhren.

„Ich krieg kein Geld", sagte er aufgeregt und sah dabei in Mandys Richtung. „Das hat der Reporter falsch verstanden. Er wollte wissen, ob wir vom Verein ein Taschengeld bekommen oder die Fahrtkosten ersetzt werden oder ob meine Eltern alles bezahlen müssen. Ich hab nur gesagt, dass ich vielleicht in der nächsten Saison etwas bekomme. Aber jetzt kriege ich gar nichts, null Euro."

„Is ja gut! Was regst du dich so auf?", fragte Benno erstaunt. „Und selbst wenn du Geld dafür kriegst. Wen stört es? Ich hab auch 'n Job. Du verdienst dein Geld eben mit Fußball."

„Aber ich verdiene noch keins. Erst in der nächsten Saison." Martin stampfte wütend mit dem Fuß auf.

„Okay, okay." Ann-Kathrin klopfte ihm auf die Schulter. „Wen interessiert es, ob du Geld verdienst oder nicht? Hast du Angst, wir wollen dich anpumpen?"

„Armer, reicher Martin!" Mandys Stimme war voller Ironie und Martins Bauch fing wieder an zu grummeln. Aus dem Bauch stieg der Schmerz nach oben. Ihm wurde übel, er warf seine Tasche aufs Pult und lief aus der Klasse, wobei er beinah seine Englischlehrerin Frau Meyer umrannte.

Auf der Toilette würgte und spuckte er sein Frühstück wieder aus. Dann ließ er sich kaltes Wasser übers Gesicht laufen. Erst als die Stunde fast zu Ende war, ging er in die Klasse zurück.

Frau Meyer sah ihn besorgt an. „Willst du nicht lieber nach Hause gehen? Du siehst blass aus."

„Stimmt! Auf dem Foto in der Zeitung sieht er besser aus!", rief Patricia. Die Klasse lachte.

Mandy grinste ihn besonders freundlich an und meinte: „Manche haben ein Problem, wenn sie kein Geld haben, und manche, wenn sie zu viel davon haben."

„Ich hab kein Geld!", schrie Martin sie an und hielt sich sofort wieder die Hand vor den Mund. Er musste schon wieder würgen und rannte aus der Klasse.

Als er vor dem Waschbecken stand, kam Jan mit seiner Schultasche.

„Frau Meyer sagt, ich soll dich nach Hause bringen. Du sollst dich ins Bett legen und erst mal richtig auskurieren. An deiner Englischnote kannst du in diesem Schuljahr eh nichts mehr ändern, sagt sie."

Schweigend gingen sie durch die Straßen.

„Hast du ein Problem mit Mandy?", fragte Jan auf einmal.

Martin sah ihn erschrocken an. „Nee, wie kommst du darauf?"

„Ich dachte nur so." Jan sah Martin von der Seite an, aber Martin wich seinem Blick aus.

„Mandy ist gefährlich", sagte Jan.

Martin lachte, aber es war ein bitteres Lachen. Wem erzählte Jan das? Wenn einer wusste, wie gefährlich sie war, dann doch wohl er.

Jan schaute auf den Boden, als er leise fortfuhr: „Sie hat mal versucht mich zu erpressen."

Martin gab sich alle Mühe, nicht zusammenzuzucken.

„Sie wollte Geld, damit sie mich nicht bei meiner Mutter verpetzt. Erinnerst du dich an den Ausflug zum Eisstadion? ... Ich bin nicht mitgefahren."

„Du warst doch krank."

Jan schüttelte den Kopf. „Ich hab geschwänzt. Ich kann das nicht, auf so schmalen Kufen auf dem Eis herumfahren. Ich fall ja nur hin und die Mädchen lachen. Also bin ich in die Stadt gefahren und durch die Geschäfte gelaufen, hab Computerspiele gemacht. Der Alex war auch dabei, aber der schwänzt ständig. Seine Eltern sagen schon nichts mehr. Das Geld von meiner Mutter für den Eintritt haben wir für Pommes und Hamburger ausgegeben. Am Nachmittag stand dann leider plötzlich Mandy vor uns und Alex hat sich verplappert. Einen Euro wollte sie von jedem von uns haben, damit sie nichts sagt.

Alex hat sie ausgelacht, aber ich hab gezahlt. Was ist schon ein Euro?, hab ich gedacht. Sonst hätte meine Mutter sicher tierischen Ärger gemacht. Dann wollte sie zwei Euro. Dann drei. Kein Ende in Sicht."

Jan holte tief Luft. Die Worte waren aus ihm herausgesprudelt, als wäre er froh gewesen, endlich alles erzählen zu können.

„Und dann? Zahlst du immer noch?"

Das war es, was Martin am meisten interessierte. War Jan da rausgekommen? Und wenn ja, wie hatte er das geschafft?

Jan lachte. „Nee, ich zahle schon lange nicht mehr. Irgendwann habe ich es nicht mehr ausgehalten und meiner Mutter alles erzählt: ‚Ich hab geschwänzt, das Geld für Pommes ausgegeben.‘ Okay, sie hat geschimpft, aber eigentlich war sie nur froh, dass ich es endlich erzählt habe. Sie ist am nächsten Tag mit zur Schule gekommen und hat Mandy gesagt, dass sie Bescheid weiß und zur Polizei geht, wenn sie nicht aufhört. Seitdem lässt Mandy mich in Ruhe. Das werde ich meiner Mutter nie vergessen.“

Schweigend gingen sie bis zu Martins Haus.

„Soll ich noch mit raufkommen?“

Martin schüttelte den Kopf. „Mir geht es schon besser. Ich muss nachdenken.“

„Ich weiß nicht, was mit dir los ist“, sagte Jan zum Abschied. „Aber wenn du etwas Ähnliches erlebst … mit Mandy, meine ich … dann … Egal, was du gemacht hast … du musst es sagen. Mandy hört nie auf. Niemals. Nur wenn es keinen Grund mehr für eine Erpressung gibt.“ Er drückte Martin die Schultasche in die Hand. „Ich ruf dich später an.“

Ein sehr nachdenklicher Martin stieg die Treppe zu seiner Wohnung hoch. Hatte Jan recht? Würde es kein Ende nehmen? Wahrscheinlich nicht. Wahrscheinlich würde Mandy wirklich nicht aufhören ständig neue Forderungen zu stellen.

Aber bei Jan war es einfacher gewesen. Es ging nur um fünf Euro. Er, Martin, hatte nicht einfach nur geschwänzt. Er hatte sich eine gute Note durch Betrug geholt, er hatte seiner Mutter Geld geklaut, bei der Polizei falsche Angaben über den Diebstahl seines Fahrrads gemacht. Und sein Vater war gerade dabei, seine Lügen für die Versicherung aufzuschreiben. Vielleicht würde er auch eine Anzeige bekommen, wegen Versicherungsbetrugs.

Martin wurde es ganz schlecht, als er für sich aufzählte, was inzwischen alles vorgefallen war. Und das nur, weil Mandy zwei Minuten zu früh in die Klasse gekommen war.

Und wenn sie nicht gekommen wäre? Dann hätte er zwar nicht zahlen müssen, aber betrogen hätte er trotzdem …

Es war nicht Mandys Schuld, dass er jetzt in der Klemme saß. Er war selbst schuld daran. Weil er Fußball spielen wollte, weil er keine Zeit zum Lernen gehabt hatte und weil er die Aufgaben für die Arbeit geklaut hatte.

Martin mochte diese Gedanken nicht, aber sie ließen sich einfach nicht wegschieben.

Wenn er aus dieser Zwickmühle herauswollte, musste er wie Jan die ganze Wahrheit sagen. Das Schimpfen seiner Mutter wäre dann wohl die geringste Strafe. Er würde nicht in München spielen dürfen – die enttäuschten Blicke seiner Eltern, seines Trainers …

Nein, bis zum Spiel musste er durchhalten, tun, was Mandy von ihm verlangte. Aber danach würde er alles gestehen. Auch wenn er dann nicht versetzt würde. Er würde zu Herrn Borchert gehen, aber erst nach dem Spiel. Und dann hätte Mandy keinen Grund mehr, ihn zu erpressen.

Ein bisschen beruhigt legte er sich ins Bett und schlief, bis die Mutter ihn am späten Nachmittag weckte.

15

Am Abend rief überraschenderweise Mandy an. Martin wollte nicht mit ihr reden, aber die Mutter drückte ihm den Hörer in die Hand. „So ein nettes Mädchen. Und so höflich. Sie möchte wissen, wie es dir geht. Sei freundlich, wenn du mit ihr redest", flüsterte sie.

Martin hoffte, dass Mandy das nicht hörte. Die hätte sich totgelacht: „nettes Mädchen"! Wenn die Mutter geahnt hätte, wie Mandy wirklich war …

„Geht's dir besser?", wollte Mandy wissen.

„Noch nicht so richtig", sagte Martin.

Und das stimmte sogar. Eigentlich hatte er sich gut erholt und stundenlang am Computer gesessen. Aber beim ersten Ton von Mandys Stimme waren die Schmerzen im Bauch wieder da.

„Na dann …" Mandy zögerte. „Ich wollte was mit dir besprechen. Aber wir warten lieber, bis du ganz gesund bist. Kranke Menschen sollte man besser schonen, hab ich gelesen."

Immer, wenn Mandys Stimme so zuckersüß klang, wurden Martins Bauchschmerzen schlimmer. Kaum hatte sie aufgelegt, musste er zur Toilette rennen und sich übergeben.

Auch am nächsten Tag blieb Martin zu Hause. Am liebsten wäre er gar nicht mehr aufgestanden. Solange er im Bett lag, hatte er seine Ruhe vor Mandy. Aber je länger er krank war, desto größer wurde die Gefahr, dass Karim endgültig seinen Platz in der Auswahlmannschaft übernahm.

Also machte Martin sich nach zwei Tagen auf den Weg zur Schule.

Zunächst sah es so aus, als hätte er Glück. Mandy fehlte in der ersten Stunde.

„Alles in Ordnung?" Jan freute sich, als er Martin sah.

Martin nickte. Und bis zur zweiten Stunde war auch alles in Ordnung. Dann kam Mandy. Er sah in der großen Pause schon von Weitem, wie sie über den Schulhof schlenderte.

Sie kam direkt auf ihn zu und freute sich ebenfalls ihn zu sehen – allerdings aus ganz anderen Gründen als Jan. „Wieder fit?", begrüßte sie ihn freundlich. „Wurde auch langsam Zeit. Am Samstag ist 'ne Megafete und ich hab noch ein paar Besorgungen auf meinem Zettel." Sie sah ihn erwartungsvoll an.

Martin schwieg.

„Na, dann muss ich wohl deutlicher werden: Ich brauch ein schwarzes T-Shirt, 'ne Lederhose und 'ne neue Sonnenbrille. So eine von Joop."

Martin schwieg weiter.

„Hey, ich rede mit dir! Ich glaub nicht, dass dich das überfordern wird. 100 Euro. Ich hab schon mal einen Rundgang durch den Laden gemacht und die Sachen ausgesucht."

„Ich hab kein Geld."

Mandy lachte. „Du wiederholst dich. Aber keiner glaubt dir. 500 Euro kriegst du im Monat. Es stand in der Zeitung. Du hast es dem Reporter selbst erzählt."

„Der hat das total falsch verstanden." Martin verteidigte sich ganz mechanisch, obwohl er selbst nicht daran glaubte, dass es viel nutzen würde.

„Ha ha, toller Witz!" Mandy wurde ungeduldig. „Jetzt hör mal gut zu, du Großverdiener: Entweder du rückst die Kohle raus oder ich geh zu Herrn Borchert. Oder noch besser zu deinem Trainer. Oder zu beiden. Hast du nicht heute Training?"

Martin verschlug es vor Schreck die Sprache. Das wurde ja immer schlimmer. Wenn sein Trainer davon erführe, würde man ihn vielleicht sogar aus der Mannschaft ausstoßen.

„Talent, Disziplin und Charakter braucht ihr, damit ihr ganz nach oben kommt", pflegte er zu sagen. „Ich habe schon so viele junge Talente kommen und gehen sehen. Es gibt viele, die einen Ball ins Tor schießen können. Aber man muss auch bereit sein sich zu quälen, muss verlieren können."

Mut, Pünktlichkeit und Ehrlichkeit, das waren Eigenschaften, die er von einem Fußballer erwartete. Bis jetzt hatte Martin ihn nie enttäuscht.

„Du hast das Zeug, ein ganz Großer zu werden", hatte er erst neulich gesagt, als Martin zum Mannschaftskapitän gewählt worden war. Was würde er sagen, nachdem Mandy mit ihm geredet hatte?

Aber 100 Euro waren eine Summe, die Martin niemals beschaffen konnte. „Ich hab das Geld nicht, nicht mal zehn Euro", sagte er deshalb. „Da kannst du noch so viel drohen!"

Das ist das Ende, dachte er. Jetzt wird sie mich verraten.

„No problem!", meinte Mandy aber nur ganz locker. „Dann musst du die Sachen eben klauen."

Martin glaubte, nicht richtig gehört zu haben. „Du spinnst ja! Ich hab noch nie was geklaut!"

„Abgesehen von den Matheaufgaben", meinte Mandy. „So eine leichte diebische Veranlagung hast du schon, oder etwa nicht? Matheaufgaben, Sonnenbrillen … wo ist da der Unterschied?"

In Martins Kopf drehte sich alles. Ladendiebstahl! Klar, was hatte er denn erwartet? Dass sie Mitleid mit ihm haben und auf das Geld verzichten würde? Es war auch völlig nutzlos, nach Hause zu gehen und sich ins Bett zu legen. Sie würde nicht aufgeben.

Und so wartete er nach der Schule auf Mandy und folgte ihr ins Kaufhaus am Markt. Sie war munter, erzählte Witze und freute sich auf ihre Sonnenbrille.

Martin sagte auf dem ganzen Weg kein Wort. Er hoffte immer noch, dass irgendetwas passieren würde. Vielleicht stolperte sie und ein Auto fuhr über ihr Bein. So, dass sie zumindest für einige Wochen ins Krankenhaus musste.

Es waren jedoch um die Mittagszeit nicht viele Autos unterwegs und sie kamen ohne Verzögerung zum Kaufhaus.

Mandy führte ihn in die Abteilung mit den Sonnenbrillen, zeigte auf das Regal mit den teuren Designerbrillen und meinte: „Wie findest du die in der oberen Reihe? Mit den glitzernden Steinen am Rand?"

Die Brille war überhaupt nicht Martins Geschmack. Viel schlimmer aber war der Preis. „Die kostet 80 Euro!"

„Klaro. 'ne Brille für fünf Euro kann ich mir auch kaufen. Man klaut doch nicht Sachen, die man selbst kaufen kann", sagte sie und schaute ihn empört an.

„Ich hab eben nicht so viel Erfahrung mit dem Klauen wie du." Diese spitze Bemerkung konnte sich Martin dann doch nicht verkneifen.

Mandy warf ihm einen wütenden Blick zu. „Ist ja schön, dass du so cool drauf bist. Das wirst du auch brauchen. Ich warte draußen auf der Straße auf dich. Wenn du erwischt wirst, kennen wir uns nicht! Merk dir das!"

Dann stand Martin allein vor dem Regal und schaute sich vorsichtig um. Er hatte mal einen Film gesehen, in dem ein Kaufhausdetektiv vorgekommen war. Er sah aus wie ein normaler Kunde, aber kaum hatte der Dieb eine Halskette eingesteckt, kam er hinzu und stellte ihn. Hoffentlich schlich hier kein Detektiv herum. Eine Videoüberwachung wäre allerdings noch schlimmer gewesen.

Betont unauffällig schlenderte Martin an den Regalen vorbei und tat so, als würde er sich besonders für Sonnenbrillen interessieren. Er nahm eine, setzte sie auf, schaute sich im Spiegel an, legte sie zurück. So tastete er sich immer näher an die heran, die Mandy haben wollte. Er nahm sie in die Hand, setzte sie auf, ging um das Regal herum zum Spiegel.

„Na, junger Mann, kann ich dir helfen?" Martin zuckte zusammen, als die Verkäuferin ihn freundlich ansprach.

„Da…danke, aber ich weiß noch nicht, welche ich nehmen soll", stotterte er und hoffte, dass sie nicht merkte, wie unsicher er war.

Sein Kopf hatte ganz bestimmt die Farbe einer Tomate angenommen. Und sein T-Shirt unter dem Pullover war klatschnass geschwitzt. Wenn er diese Geschichte hier überleben sollte, würde er nie wieder eine Sonnenbrille anfassen, das schwor er sich.

„Wenn du Hilfe brauchst, dann sag Bescheid", meinte die nette Verkäuferin. „Ein kleiner Tipp noch: Die Brille, die du da auf der Nase hast, ist eher was für Damen. Die für Herren liegen auf der anderen Seite vom Regal."

„Da…danke!", brachte Martin nur heraus. Wahrscheinlich dachte sie nun, er hätte einen Sprachfehler. Er war froh, als eine ältere Frau sie ansprach und um Hilfe bat.

Er ging zum Regal zurück, nahm die Brille ab und tat so, als wollte er sie zurücklegen. Mit einem kurzen Ruck verschwand sie in seinem Ärmel.

Geschafft! In der Grundschule hatte er mal einen Zauberkurs gemacht. Das Verschwindenlassen von Gegenständen hatte ihm besonders gefallen. Stundenlang hatte er das vor dem Spiegel geübt.

Eine leichte diebische Veranlagung habe er, hatte Mandy gesagt. Er freute sich schon auf ihr Gesicht, wenn er die Brille aus dem Pullover ziehen würde. Es war schneller und einfacher gegangen, als er befürchtet hatte.

Er würde ihr die Brille in die Hand drücken und ganz klar sagen: „Das war's, Mandy. Das war das letzte Mal."

Martin fühlte sich sogar ein wenig erleichtert, als er quer durch die Gänge auf dem schnellsten Weg zum Ausgang eilte.

Er hatte fast die Tür erreicht, als er von einem Mann angesprochen wurde. Er hielt ihm einen Ausweis vor die Nase und sagte: „Zeig doch mal, was du in deinem Ärmel hast."

Martin war so geschockt, dass er gar nicht erst versuchte zu leugnen oder wegzulaufen. Er stand nur da und ließ zu, dass der Kaufhausdetektiv die Brille aus seinem Ärmel holte.

„Na, was haben wir denn da? Eine schicke Sonnenbrille. 80 Euro!" Der Detektiv pfiff. „Du hältst dich gar nicht erst mit dem billigen Kram auf, was? Na, dann komm mal mit."

Mit gesenktem Kopf folgte Martin ihm. Er bemerkte, wie ihm die Blicke der umherstehenden Menschen folgten. Sie bohrten sich wie kleine Nadeln in seinen Rücken. Bald würden alle wissen, dass er ein Dieb war.

Auch Mandy stand unter den Zuschauern. Ein wenig bleich um die Nase war sie doch. Sie versuchte Martin unauffällig Zeichen zu geben, aber er reagierte nicht. Natürlich würde er sie nicht verraten, denn dann kam auch alles andere heraus. Aber ein bisschen Angst schadete ihr nicht. Er hatte jetzt ganz andere Sorgen.

Was folgte, war ein einziger Albtraum. Martin saß völlig apathisch im Büro des Detektivs und antwortete auf die Fragen nach seinem Namen und seiner Adresse.

Er beantwortete alles wahrheitsgemäß.

Nur als der Detektiv wissen wollte, ob er noch Komplizen habe, log er. „Ich war alleine."

Ob Mandy noch immer wartete?

Seine Mutter wurde angerufen. „Frau Hoffner? Hier ist das Kaufhaus am Markt. Neumann am Apparat. Ich bin Kaufhausdetektiv hier im Laden. Wir haben Ihren Sohn Martin beim Diebstahl erwischt … Ein Irrtum? … Unwahrscheinlich. Ich habe ihn genau beobachtet und eine Videoaufnahme gibt es auch noch als Beweis. Sie können sie sich gerne anschauen … Ihr Sohn sitzt mir gegenüber … Von mir aus können Sie gerne mit ihm reden …"

Der Detektiv hielt Martin den Hörer hin, aber der schüttelte nur den Kopf. Was sollte er seiner Mutter sagen? Er hatte Angst, ihre Stimme zu hören. Er hatte die Sonnenbrille gestohlen. Er war ein Dieb. Da gab es nichts zu erklären.

„Frau Hoffner? … Am besten kommen Sie so schnell wie möglich vorbei und holen ihn ab. Sonst müsste ich die Polizei informieren."

Martin konnte das entsetzte Gesicht der Mutter vor sich sehen. Er versteckte sein Gesicht in den Händen und stöhnte leise.

„Deine Mutter holt dich ab."

Martin sah ihn an, kreidebleich, leer im Kopf.

Der Detektiv betrachtete ihn nachdenklich. „Da es das erste Mal ist, rufen wir nicht die Polizei. Du hast Hausverbot und beim nächsten Mal …"

Martin schüttelte entsetzt den Kopf. Es würde kein nächstes Mal geben. „Es tut mir leid", stotterte er. „Ich wollte das nicht."

„War es eine Mutprobe, damit du in irgend so eine Bande aufgenommen wirst? Oder warum hast du es gemacht?"

Martin schwieg.

„Ihr Kids seid unverbesserlich. Ist so eine Bande wirklich den ganzen Stress wert?"

Seine Mutter stürzte mit rot verweinten Augen ins Büro. Sie unterschrieb den Bericht des Detektivs, während sie in einem fort schluchzte.

„Er ist so ein guter Junge", sagte sie immer wieder. „Und so talentiert. Er wird in der Allianz Arena spielen. Mit der ,U 15'. Warum hast du das getan? Sie werden dich vielleicht sogar aus der Mannschaft werfen."

Der Geschäftsführer, der inzwischen auch gekommen war, versuchte sie zu trösten. „Beruhigen Sie sich doch. Ich bin sicher, er macht das nicht noch einmal."

„Er hätte es gar nicht machen dürfen. Wegen einer Sonnenbrille! Du hast doch mindestens vier davon zu Hause, Martin."

Auf der Heimfahrt sagte sie kein Wort. Auch der Vater, der früher als sonst nach Hause kam, sprach nicht mit ihm. Er schaute ihn nur schweigend an und wandte sich dann ab. Die traurigen Augen, mit denen er ihn ansah, würde Martin wohl niemals vergessen.

Martin wünschte sich, die Eltern würden mit ihm schimpfen oder ihn anschreien. Alles, nur nicht dieses Schweigen!

Er verkroch sich wieder in seinem Bett und wartete. Aber niemand kam, niemand holte ihn zum Abendessen. Er hörte die Stimmen seiner Eltern im Wohnzimmer. Sie unterhielten sich leise. Dazwischen hörte er seine Mutter weinen. Und immer wieder ihre Frage: „Warum?"

16

Auch am nächsten Tag sprachen seine Eltern nur das Nötigste mit ihm. Den Diebstahl erwähnten sie mit keinem Wort. Sie waren zu entsetzt, um darüber zu reden.

Martin bemühte sich das positiv zu sehen: Nach dem Spiel in München würde er alles aufklären. Vielleicht verschoben ja auch die Eltern ein Gespräch bis nach dem großen Spiel.

Dann kam am Samstag das letzte Punktspiel vor Saisonende. Martins Mannschaft lag mit zwei Punkten Vorsprung an der Spitze. Sie hatten den Meistertitel fast in der Tasche. Ein Unentschieden würde reichen, selbst wenn der FC Hammerbrook, der an zweiter Stelle lag, in seinem letzten Spiel siegen sollte.

In der Nacht zuvor hatte Martin sehr schlecht geschlafen. Wie so oft in letzter Zeit waren seine Sorgen, die er am Tag ganz gut verdrängen konnte, in seine Träume geraten.

Im Traum war er in der Allianz Arena. Tosender Beifall empfing ihn, als er zusammen mit den anderen auf den Platz lief. Das Stadion war ausverkauft. Die Nationalhymne wurde gespielt, und oben auf der Anzeigetafel, wo normalerweise Namen wie Philipp Lahm, Thomas Müller und Manuel Neuer aufleuchteten, sah Martin seinen eigenen Namen.

Der Stadionsprecher verkündete: „... und im Sturm spielt Martin, unser hoffnungsvolles Supertalent aus Hamburg!"

Wieder tosender Beifall, der allein ihm galt. Martin verbeugte sich leicht in Richtung Zuschauer. Er winkte in die Kameras. Die Zuschauer rasten vor Begeisterung. Sie standen auf und die La-Ola-Welle zog durch die Ränge. Martin drehte sich mit der Welle. Er fühlte sich, als ob er schweben würde. Das war es, warum er den ganzen Stress auf sich genommen hatte, warum er auf Freizeit und Freunde verzichtete. Alles für diesen Kick, hier unten zu stehen und die Begeisterung der Menschen zu spüren.

Dann wurde das Spiel angepfiffen. Es lief von Anfang an super für Martin. Er holte sich den Ball, lief nach vorne, trickste zwei gegnerische Spieler und den Torwart aus und stand frei vor dem leeren Tor. Er holte aus, um den Ball mit einem leichten Schuss ins Tor zu befördern, als der Schiedsrichter abpfiff.

Empört drehte Martin sich um. Dieser Idiot! Warum pfiff er? Das war kein Abseits.

Der Schiedsrichter zeigte wortlos in die Gegenrichtung. Freistoß für den Gegner. Martin konnte es nicht fassen.

„Das ist Betrug!", schrie er den Schiedsrichter an.

Da drehte sich der Schiedsrichter um – und Martin blickte in Mandys Gesicht.

„Betrug?", fragte sie mit der zuckersüßen Stimme, die Martin so hasste. „Du kennst dich aus mit Betrug, ja? Aber hier bestimme ich die Regeln."

„Aber nach den Fußballregeln …", fing Martin an, obwohl er genau wusste, dass er bei einer Diskussion mit dem Schiedsrichter eine Gelbe Karte riskierte.

„Pah … Fußballregeln. Alles spielt nach meinen Regeln. Hast du das nicht gewusst? Wenn du einmal nach meinen Regeln spielst, dann spielst du überall nach meinen Regeln, für immer."

Dann fing der Mandy-Schiedsrichter an zu lachen, ein grelles, hohles Lachen, sodass Martin vor Angst eine Gänsehaut bekam.

„Aber wenn du unbedingt auf deinen Fußballregeln bestehst, dann sollst du sie haben. Mit dem Schiedsrichter diskutiert man nicht!" Bei diesen Worten zog der Mandy-Schiedsrichter die Rote Karte. Platzverweis für Martin.

Hilflos sah Martin sich um. Seine Mannschaftskameraden schauten ihn finster an. Keiner protestierte. Dabei mussten sie doch alle genau gesehen haben, dass der Mandy-Schiedsrichter falsch gepfiffen hatte!

Der Trainer am Spielfeldrand machte wilde Handbewegungen, aber er schien wütend auf Martin zu sein, nicht auf den Schiedsrichter. Warum half ihm niemand? Die Zuschauer? Gerade hatten sie ihm doch noch zugejubelt. Jetzt pfiffen sie ihn aus, als er mit hängendem Kopf vom Platz schlich.

Am liebsten hätte er sich in der Kabine verkrochen, aber der Trainer winkte ihn zu sich. „Ein Platzverweis nach fünf Minuten. Das ist Rekord! Ich bin wirklich enttäuscht von dir."

Da war er sicher nicht der Einzige. Martin mochte gar nicht an seine Eltern denken, die sich seit Wochen auf diesen Tag gefreut hatten …

Schweißgebadet war er aufgewacht und hatte sich vor lauter Aufregung nicht mehr getraut einzuschlafen.

„Reiß dich zusammen! Du musst endlich wieder ein gutes Spiel zeigen, Martin." So oder ähnlich klangen die Ermahnungen, die Martin von seinen Eltern und seinem Trainer an diesem Nachmittag mit aufs Spielfeld bekam.

Und Martin gab sich wirklich Mühe. Er rannte jedem Ball hinterher, gewann die Zweikämpfe und seine Pässe kamen an.

Aber jedes Mal, wenn er vor dem Tor stand und schießen musste, hatte der Torwart auf einmal Mandys Gesicht, das ihn angrinste. Und jedes Mal ging Martins Schuss daneben.

Zur Halbzeit lag seine Mannschaft mit 0:1 zurück und Herr Pape entschied sich – schweren Herzens, wie er sagte – Martin herauszunehmen. „Ich glaube, du brauchst mal eine Denkpause. Setz dich auf die Tribüne und schau zu. Beobachte vor allem die Stürmer. Die schönsten Spielzüge nutzen nichts, wenn du vor dem Tor versagst. Du bist ein Stürmer. Von dir werden Tore erwartet."

Er stellte die Mannschaft um, Karim nahm seinen Platz als Spielführer ein und es lief tatsächlich besser ohne ihn. Schon nach kurzer Zeit schoss Karim das Tor zum Ausgleich und fünf Minuten später verwandelte Bernd einen Eckstoß zur 2:1-Führung. Es war, als hätte Martin die Mannschaft gelähmt – und jetzt, wo er nicht mehr mitspielte, zeigten seine Kameraden, dass sie zu Recht Favoriten auf den Meistertitel waren.

Martin saß nur kurz auf der Tribüne. Er konnte es nicht ertragen, von hier aus zuzusehen, wie seine Mannschaft da unten ohne ihn spielte. Vor allem, weil sie gut spielte – ohne ihn besser als mit ihm. Die Fans jubelten den Spielern zu. Martin fühlte sich unendlich einsam. Er saß da, inmitten der lachenden, schreienden Menge, und fühlte sich so allein wie noch nie in seinem Leben.

Er stand auf und rannte aus dem Stadion. Er merkte nicht, dass er Menschen anrempelte, dass sie ihm Schimpfworte hinterherriefen. Er wollte nur weg.

Er vergaß, dass seine Eltern im Stadion waren, dass sie auf ihn warten würden. Auch Jan war da, irgendwo in der jubelnden Menge. Hatte er mitbekommen, dass Martin nicht mehr spielte?

Sie hatten nach dem Spiel alle zusammen essen gehen wollen, um Martins Tore zu feiern. Dass er Tore schießen würde, war allen klar gewesen. Kaum ein Spiel verging ohne ein Tor von Martin.

Sie würden auf ihn warten, ihn vermissen, ihn suchen. Es war ihm egal. Stundenlang wanderte er durch die Stadt, setzte sich dann in die S-Bahn und fuhr nach Hause. Seine Eltern waren noch nicht da. Wahrscheinlich suchten sie ihn immer noch. Er legte sich ins Bett und wartete.

Endlich kamen sie. Er hörte ihre Schritte, ihre Stimmen, die Mutter schaute kurz in sein Zimmer. Martin tat, als ob er schliefe. Er hörte, wie wütend der Vater war und dass er ihn wecken wollte. Dann die Stimme seiner Mutter: „Sei froh, dass er hier ist. Wir müssen mit ihm reden. Irgendetwas stimmt nicht."

17

Später fragte sich Martin oft, wie es wohl weitergegangen wäre, wenn nicht am gleichen Tag, an
dem er beim Stehlen erwischt worden war, die
Sache mit Mirko passiert wäre.

Mirko war 17, wohnte in der Nachbarstraße und
Martin hatte ihn manchmal auf dem Schulhof gesehen. Er hatte gerade die Schule beendet und war
stolz darauf, eine Tischlerlehre machen zu können –
eine Lehre, die er jedoch niemals beenden würde.

Denn Mirko war tot. Er war auf die Gleise im
Bahnhof gestürzt und von einer heranbrausenden
S-Bahn mitgeschleift worden. Polizei und Feuer-
wehr hatten den Bahnhof in der Nähe von Martins
Haus weiträumig abgesperrt. Erst dachten alle, es
wäre ein Unfall gewesen. Aber dann kam nach und
nach die ganze Wahrheit heraus.

Am Montag nach dem Spiel brachte Herr Borchert eine Tageszeitung mit den neuesten Polizei-
ergebnissen mit in den Unterricht. Mirko hatte

sich vor die S-Bahn geworfen, weil er verzweifelt gewesen war.

Betroffen schwiegen alle. Mirko war nur drei Jahre älter als sie selbst und viele von ihnen hatten ihn gekannt.

„Wahrscheinlich hatte er Krebs und nicht mehr lange zu leben", meinte Anna.

„Vielleicht ist er gestolpert und wollte das gar nicht. Woher will man denn wissen, dass es Absicht war?", fragte Patrick.

„Mirko wurde erpresst", sagte Herr Borchert und schaute sich die Gesichter seiner Schüler genau an, als wollte er prüfen, ob einer von ihnen mehr wusste.

Die meisten waren erschrocken, Jan sah sehr nachdenklich aus – und Martin war so bleich, als würde er gleich vom Stuhl fallen.

„Erpresst!", flüsterte er.

„Ja, erpresst. Seit Monaten hat ihn eine Bande Jugendlicher erpresst. Sie haben damit gedroht, ihn zusammenzuschlagen, wenn er kein Schutzgeld bezahlt."

„Warum hat er niemandem davon erzählt?"

„Weil er Geld geklaut hatte. Er hatte Angst, das seinen Eltern zu erzählen. Und dann hat er keinen Ausweg mehr gesehen und sich vor die S-Bahn geworfen. Er wollte endlich Frieden haben."

In der Klasse herrschte minutenlanges Schweigen.

„Dieses Gedicht wurde in seinem Schreibtisch gefunden", fuhr der Lehrer fort und las:

Auf-Lösung

Um mich herum Menschen
Ich bin nicht allein
Um mich herum Leben
Ich bin nicht allein

Ich rede mit ihnen
Ich bin nicht allein
Ich lache mit ihnen
Ich bin nicht allein

Um mich herum Menschen
Sie berühren mich nicht
Um mich herum Leben
Es läuft an mir vorbei

Meine Zunge redet mit ihnen
Ich schaue zu
Mein Mund lacht mit ihnen
Ich schaue zu

Um meinen Körper herum Menschen
Ich bin gegangen
Um meinen Körper herum Leben
Mich gibt es nicht mehr

Ich bin nicht mehr
Aufgegangen in der Ratlosigkeit
Aufgelöst in der Einsamkeit
Untergegangen in der Verzweiflung

Lange Zeit war es totenstill in der Klasse.

„Er war schon tot, bevor er gestorben ist", meinte Martin schließlich ganz leise.

Irgendjemand kicherte, wurde aber durch einen strengen Blick von Herrn Borchert zum Schweigen gebracht.

Er betrachtete Martin mit besorgtem Blick. „Du hast recht. Mirko konnte vor lauter Angst schon vorher nicht mehr richtig leben."

„Aber was hätte er denn machen sollen?", fragte Martin.

„Er hätte mit jemandem reden müssen", sagte Herr Borchert. „So etwas kann man nicht ganz alleine klären."

„Vielleicht hatte er zu große Angst. Manchmal möchte man gerne reden, aber man traut sich nicht. Oder man versucht es, und keiner hört zu."

Erschrocken hielt Martin inne. Hoffentlich hatte er nicht schon zu viel verraten. Aber der Tod von Mirko traf ihn tief. Aus seinem Gedicht sprach die gleiche Einsamkeit, die er zwei Tage zuvor im Stadion gespürt hatte: Von den lachenden, jubelnden Menschen um ihn herum war er weit entfernt gewesen.

Um mich herum Menschen
Sie berühren mich nicht
Um mich herum Leben
Es läuft an mir vorbei

Mirko hatte sicher nicht von Anfang an sterben wollen, so wie er selbst ja auch nicht daran dachte. Aber am Ende war er zu verzweifelt gewesen und hatte keinen anderen Ausweg gesehen.

Martin konnte ihn gut verstehen. Am Ende kannst du nicht mehr klar denken, da willst du einfach nur noch, dass es aufhört. Martin erschrak über seine eigenen Gedanken.

Um meinen Körper herum Menschen
Ich bin gegangen
Um meinen Körper herum Leben
Mich gibt es nicht mehr

Würde er in seiner Verzweiflung so weit gehen wie Mirko? Wie lange würde Mandy noch brauchen, bis er keinen Ausweg mehr sah und wie Mirko in der Verzweiflung unterging?

Martin fror am ganzen Körper. Es war nicht eine Stelle an ihm, die Wärme ausstrahlte. Es war heiß draußen, die Sonne brannte, in der Klasse schwitzten seine Mitschüler – und Martin fror, als hätte sich das ganze Eis des Nordpols in seinem Körper angesammelt.

„Schade, dass Mandy nicht da ist", meinte Jan auf einmal in die Stille hinein.

18

Mandy fehlte seit dem Tag, an dem Martin im Kaufhaus erwischt worden war. Vielleicht hatte sie Angst, dass Martin sie nun doch noch verpetzen könnte.

„Wieso? Was ist mit Mandy?" Herr Borchert sah ihn verwundert an. „Wird sie auch erpresst?"

Jan zuckte mit den Schultern. „Auf jeden Fall weiß sie einiges darüber."

Herr Borchert schaute Jan irritiert an. Er nahm sich vor, Mandy sofort, wenn sie kam, zur Rede zu stellen. Nicht auszudenken, wenn in seiner Klasse jemand erpresst wurde, ohne dass er es bemerkt hatte. Sicher bekam er vieles nicht mit, was unter den Schülern passierte. Aber Erpressung? Das hätte er doch merken müssen.

Mandy erschien zur großen Pause und wirkte keinesfalls so, als hätte sie Angst vor Martin. Im Gegenteil. Sie ging direkt auf ihn zu. Statt einer Begrüßung sagte sie: „Na, das neulich war wohl nichts. Anfängerpech! Aber ich bin großzügig. Du bekommst heute Nachmittag eine neue Chance." Sie grinste ihn an.

Als sie sein abweisendes Gesicht sah, fügte sie hinzu: „Immer schön brav sein. In fünf Tagen ist ... Mün-chen." Das letzte Wort trällerte sie vor sich hin.

In diesem Moment geschah es. Während Martin in Mandys lachendes, triumphierendes Gesicht sah, erkannte er auf einmal, dass er niemals in München Erfolg haben würde, wenn er weiter nach ihren Regeln spielte. Sie würde nicht aufhören ihn zu erpressen und aus lauter Angst würde er so schlecht spielen, dass der Trainer ihn gar nicht aufstellen oder schon nach zwei Minuten vom Platz holen würde.

Wenn er alles gestand, würde er wahrscheinlich auch nicht spielen, aber er brauchte wenigstens keine Angst mehr zu haben. Und vielleicht bekam er später eine neue Chance. Eine Chance, die Mirko nie mehr haben würde, weil er sich aus Verzweiflung getötet hatte.

Er stieß Mandy einfach zur Seite und lief zum Lehrerzimmer.

Und diesmal war es Mandy, die fassungslos dastand und hinter ihm herstarrte. „Hey, spinnst du!?", rief sie. „Was soll das?"

„Ich glaube, Martin will dir zu verstehen geben, dass du dich verpissen sollst." Jan, der das Ganze beobachtet hatte, grinste sie an. „Das Spiel ist aus, Mandy."

Er lief hinter Martin her. Kurz vor dem Lehrerzimmer holte er ihn ein. „Ich wusste, dass sie dich erpresst. Warum hast du nichts erzählt?"

„Ich hatte Angst, dass du sauer bist, wegen der Mathearbeit." In wenigen Sätzen erzählte Martin ihm von der blauen Plastikmappe und Mandys Drohung, ihn zu verpetzen.

Zum Glück war Jan ihm überhaupt nicht böse. Er wusste zu gut aus eigener Erfahrung, wie man sich fühlte, wenn man erpresst wurde, und dass man aus Angst Dinge machte, die man sonst niemals tun würde.

Vor dem Lehrerzimmer angekommen, zögerte Martin. Wenn Jan nicht gewesen wäre, hätte er vielleicht jetzt noch den Mut verloren.

„Los jetzt! Ich warte hier auf dich. Jede Strafe ist besser, als sich erpressen zu lassen." Jan gab ihm einen leichten Stoß von hinten.

Martin schaute ihn dankbar an. Er wusste jetzt, dass Jan recht hatte. Mit zitternder Hand klopfte er an die Tür und fragte, als ein Lehrer öffnete, nach Herrn Borchert.

„Na, ich weiß nicht, ob der zu sprechen ist. Er braucht auch mal eine Pause. Hat es nicht Zeit bis später?"

Martin schüttelte nur den Kopf. Er brachte kein Wort mehr heraus.

„Es geht um Leben und Tod", meinte Jan.

Der Lehrer grinste. „Jetzt übertreib mal nicht. Ich werde Herrn Borchert Bescheid sagen. Er soll dann selbst entscheiden, ob er seine Pause opfern will."

„Es ist wegen der Sache mit Mirko!", rief Jan ihm durch die offene Tür nach.

Ruckartig wandten sich alle Köpfe um und Herr Borchert sprang auf, noch ehe sein Kollege etwas sagen konnte.

„Na, das hat gewirkt", meinte Jan etwas verlegen zu Martin, dem immer mulmiger zumute wurde. Am liebsten wäre er jetzt noch weggegangen, aber das hätte Jan nicht zugelassen.

„Also, was gibt es?", fragte Herr Borchert und schaute die beiden besorgt an. „Habt ihr Informationen über die Jugendbande, die Mirko erpresst hat? Die Polizei sucht nämlich noch nach den Erpressern."

Martin und Jan schüttelten den Kopf.

„Nicht direkt, aber es ist … es ist …", stotterte Martin.

„… so ähnlich!", ergänzte Jan und gab Martin erneut einen leichten Stoß. „Nun mach schon. Jetzt kannst du nicht mehr zurück!"

„Na, dann komm mal mit." Herr Borchert ging voran ins Besprechungszimmer. Martin folgte ihm.

Als er sich noch einmal umdrehte, hielt Jan seine Hand mit dem gedrückten Daumen hoch. Wenigstens einer, der versteht, was in mir vorgeht, dachte Martin.

„Ich hab die Aufgaben aus der Tasche geklaut!" Die Worte sprudelten aus Martin heraus, sobald der Lehrer die Tür geschlossen hatte. Er holte tief Luft. So, das Schlimmste hatte er gesagt.

Herr Borchert schaute ihn verständnislos an. „Welche Aufgaben? Welche Tasche? Ich versteh kein Wort. Ich dachte, du wolltest mir etwas über die Erpressungen erzählen."

„Will ich ja auch! Ich werde erpresst, von Mandy. Aber es ist alles meine Schuld. Wenn ich die Aufgaben nicht geklaut hätte … Aber dann hätte ich nicht in München spielen können und …" Martin brach ab.

Herr Borchert sah in sein bleiches Gesicht und meinte: „Am besten, du erzählst ganz von vorne. Ich hab jetzt eine Freistunde und viel Zeit."

Und die brauchte er auch, um Martins Geschichte vom Anfang bis zum Ende anzuhören.

„Sie hätte nie aufgehört und ich hätte nie wieder Tore schießen können. Und vielleicht hätte ich das Gleiche gemacht wie Mirko", beendete Martin seine Erzählung.

Herr Borchert schwieg. Dann fing er an im Zimmer umherzugehen. Zwischendurch schaute er

Martin an und schüttelte den Kopf. Martin beobachtete ihn ängstlich.

Schließlich blieb der Lehrer vor ihm stehen. „Ich bin froh, dass du am Ende doch den Mut hattest, zu mir zu kommen. Nicht auszudenken, wohin das sonst hätte führen können. Wegen Mandy und der Viererbande brauchst du dir keine Sorgen mehr zu machen. Die übernehme ich ab jetzt. Aber heute Nachmittag ist die Zeugniskonferenz für deine Klasse. Da muss ich die ganze Geschichte wohl erzählen. Und deine Mathenote …“

Martin nickte. Er wusste, dass er die Versetzung nicht schaffen würde.

„Du kannst dir sicher denken, dass ich unheimlich enttäuscht bin. Nicht so sehr, weil du an meine Tasche gegangen bist. Das ist auch sehr schlimm. Aber es macht mich traurig, dass du vorher nicht zu mir gekommen bist. Wir hätten zusammen mit deinen Eltern eine Lösung gefunden. Du hast ein besonderes Talent und das sollte man fördern, aber so, dass du auch die Schule schaffst. Ich hätte dir doch geholfen.“ Ein wenig hilflos sah der Lehrer Martin an.

Martin schwieg. Hinterher war man ja immer schlauer.

„Wenn ich bloß daran denke, was Mirko in seiner Verzweiflung getan hat …“, Herr Borchert schüttelte den Kopf. „Nicht auszudenken … Was ist mit Jan? Wird der auch erpresst?“

„Er wurde. Von Mandy. Weil er geschwänzt hatte. Aber er hat es seiner Mutter gesagt."

Herr Borchert holte tief Luft. „Was mich am meisten erschreckt, ist, dass all das in meiner Klasse passiert ist, ohne dass ich auch nur das Geringste geahnt habe."

„Mandy und ihre Bande haben noch mehr Leute erpresst." Jetzt erzählte Martin auch die Geschichte von dem Mädchen, das er aus der Bretterhütte befreit hatte und dessen Namen er nicht einmal wusste.

„Unglaublich!", meinte Herr Borchert. „Da tyrannisiert so eine Bande einen ganzen Stadtteil und niemand sagt etwas."

„Ich hab jedes Mal gehofft: Jetzt hat sie genug und hört auf", versuchte Martin sein Verhalten zu erklären. „Aber es wäre wohl immer weitergegangen."

Herr Borchert schickte Martin in den Unterricht zurück. „Sprich vorläufig mit niemandem, vor allem nicht mit Mandy. Geh ihr aus dem Weg. Ich werde heute Abend nach der Konferenz noch bei dir vorbeikommen und dann besprechen wir, wie es weitergeht. Bis dahin solltest du deine Eltern informiert haben."

Martin nickte. Das wird bestimmt noch schwieriger, dachte er.

„Hey, Kopf hoch, Martin. Wir finden schon einen Weg."

Jan wartete im Flur. Er fragte nicht viel; war einfach nur da und sorgte dafür, dass Martin sich nicht mehr so allein fühlte.

„Egal, welche Strafe du bekommst, die Angst ist vorbei … Und Mandy hat keine Macht mehr über dich", sagte Jan.

Noch nie war Martin das Warten so schwer gefallen wie an diesem Nachmittag. Erst das Warten auf seine Eltern, die ausgerechnet an diesem Tag noch gemeinsam in der Stadt einkaufen waren. Und dann wusste er, dass in diesen Minuten in der Schule auf der Konferenz über ihn geredet wurde. Wie würden die Lehrer entscheiden?

Und Mandy? War die Polizei schon bei ihr gewesen? Hatte sie mit ihrer Bande auch Mirko erpresst? Zuzutrauen war es ihr.

19

Kaum waren seine Eltern am frühen Abend durch die Tür gekommen, als Martin auch schon im Flur stand und hastig sagte: „Ich muss mit euch reden." Jetzt, wo er sich dazu entschlossen hatte, wollte er es einfach so schnell wie möglich hinter sich bringen.

„Ich hab Hunger. Lass uns erst mal in Ruhe essen. Nach dem Abendessen ist auch noch Zeit." Die Mutter stellte ihre Einkaufstasche ab.

„Nein, dann ist es zu spät. Ich muss jetzt mit euch reden. Gleich kommt Herr Borchert."

Die Eltern warfen sich einen besorgten Blick zu. Herr Borchert war noch nie bei ihnen gewesen. Es musste wirklich etwas Ernstes sein. Sie setzten sich aufs Sofa und schauten ihren Sohn erwartungsvoll an.

Anfangs zitterte seine Stimme vor Aufregung, aber je länger er erzählte, desto sicherer wurde er. Es war wie bei einem Fußballspiel, wenn die eigene Mannschaft hinten lag und der Schiedsrichter jeden Moment abpfeifen konnte. Man wusste, man konnte nichts mehr ändern. Augen zu und durch. Heute eine Niederlage, morgen ein Sieg.

Und heute, das war der Tag seiner großen Niederlage, das Ende seiner Träume – aber auch das Ende seiner Angst.

Als er geendet hatte, herrschte Schweigen. In den Gesichtern seiner Eltern las er das Gleiche wie heute Morgen im Gesicht seines Lehrers: Entsetzen, Enttäuschung, aber auch Erleichterung.

„Wie konntest du nur, Martin?" Die Mutter fand als Erste ihre Sprache wieder. „Hattest du denn kein Vertrauen zu mir? Ich hab dich doch immer gefragt, wie du in der Schule stehst und ob du Hausaufgaben aufhast."

„Ich bin nur froh, dass ich jetzt weiß, warum du die Brille geklaut hast", sagte sein Vater mit leiser Stimme. „Mein Sohn, ein Dieb – das hätte ich wohl nie begriffen. Der Gedanke hat mich ganz krank gemacht. Und beinahe hätte ich das Fahrrad bei der Versicherung als gestohlen gemeldet. Gut, dass ich die Papiere noch nicht abgeschickt habe."

Am Ende waren die Eltern einfach nur erleichtert, dass Martin endlich geredet hatte. Die Geschichte von Mirko, der ja nur eine Straße weiter gewohnt hatte, spukte als entsetzliches Beispiel in allen Köpfen. Wer weiß, was mit Martin passiert wäre, wenn er sich weiter von Mandy hätte erpressen lassen?

Gegen 20.30 Uhr erschien Herr Borchert und teilte ihnen mit, dass Mandy und ihre Freundinnen vorläufig nicht weiter zur Schule kommen durften. Sie waren alle über 14 und damit strafmündig. Die Polizei verhörte sie und bis zum Abschluss der Untersuchungen hatte man sie festgenommen. Auch Martin und Jan würden verhört werden.

„Hoffentlich werden die Mädchen ins Gefängnis gesteckt!", empörte sich die Mutter. „Ich möchte nicht wissen, wie viele Kinder sie schon erpresst haben."

„Ins Gefängnis wohl nicht", meinte Herr Borchert. „Wahrscheinlich müssen sie ein paar Wochen Sozialarbeit machen, im Altenheim oder bei den Obdachlosen."

„Und die Opfer? Sollen sie weiter in Angst leben?", fragte Martins Mutter.

Herr Borchert zuckte ein wenig hilflos mit den Schultern. „Es wird so kommen, glauben Sie mir. Auch die Täter sind noch Jugendliche – und dass das Gefängnis bessere Menschen aus ihnen macht, hat noch niemand nachgewiesen. Wenn Martin gleich zu mir oder zu Ihnen gekommen wäre, dann wäre es gar nicht so weit gekommen."

„Er war erpressbar, weil er so unter Druck stand", meinte der Vater.

„Genau, aber an diesem Druck war er sicher nicht alleine schuld. Darum ist die Klassenkonferenz der Meinung, dass er durch seine Angst genug bestraft worden ist. Die letzte Mathearbeit wird natürlich mit einer Sechs bewertet und damit hat er die Versetzung nicht geschafft."

Martin nickte. Das hatte er schon geahnt.

„Aber nach den Sommerferien bekommst du eine zweite Chance: eine Nachprüfung in Mathe. Schaffst du die mit ‚befriedigend‘, wirst du nachträglich versetzt."

„Wir werden sofort einen Nachhilfelehrer organisieren", sagte die Mutter und sprang aufgeregt auf.

„Ich denke, wir lassen Martin jetzt erst einmal sein Spiel machen. Lernen kann er danach in den Ferien", meinte Herr Borchert und zwinkerte Martin zu.

„Das heißt, ich darf fahren?"

„Es bleibt bei der Schulbefreiung", sagte Herr Borchert. „Von der Schule aus darfst du fahren, aber das bleibt natürlich eine Ausnahme. Wir können dich in Zukunft nicht vom Unterricht befreien, wenn die Leistungen nicht stimmen. Du musst im nächsten Schuljahr …"

Aber Martin hörte schon gar nicht mehr zu. Er durfte fahren! Das nächste Schuljahr war noch weit weg. Martin wäre dem Lehrer am liebsten um den Hals gefallen. Er würde in den Ferien jeden

Tag lernen und am Ende die Prüfung schaffen. Da war er ganz sicher.

Am nächsten Tag erzählte Martin auch seinem Trainer, was passiert war. Er hatte lange überlegt, ob er das tun sollte. Seine Eltern hielten es nicht für nötig. Schließlich musste ja nicht jeder wissen, was Martin gemacht hatte. Schummeln, Diebstahl, Erpressung – das waren alles entsetzlich peinliche Dinge, die sie möglichst schnell vergessen wollten.

Jan dagegen meinte: „Sicher ist das peinlich. War es bei mir doch auch. Aber wenn du es erzählst, kann dein Trainer verstehen, warum du so schlecht gespielt hast. Ich würde es sagen."

Und das tat Martin dann auch. Herr Pape war, wie erwartet, sprachlos vor Entsetzen. Er starrte Martin nur an und meinte schließlich: „Ich kann es kaum glauben. Ausgerechnet du? Diebstahl, Erpressung! Wie konntest du da hineingeraten?"

Martin schwieg. Er wartete ängstlich ab, was der Trainer als Nächstes sagte. Würde er ihn aus der Mannschaft werfen? Schließlich hatte Herr Pape oft genug betont, dass für ihn nicht nur das Talent am Ball wichtig war, sondern auch der Charakter.

„Eigentlich müsste ich ja …"

Martin hielt die Luft an.

„Aber Karim ist krank und wird in den nächsten Wochen nicht spielen können. Du bist der beste Stürmer, den wir haben, Martin. Ich werde deine

Meldung nicht zurückziehen. Aber für die Zukunft merk dir eins: Wenn du das nächste Mal Probleme in der Schule hast, sag es ehrlich. Mir ist lieber, du versäumst ein Trainingslager oder ein Auswärtsspiel, als dass so etwas noch mal passiert."

Martin nickte. Ihm war ganz schwindelig vor Erleichterung.

Am Samstag lief Martin tatsächlich mit seinen Mannschaftskameraden unter dem Beifall der Zuschauer in die Allianz Arena ein. Sein Name wurde vom Stadionsprecher vorgelesen, die Menschen jubelten ihm zu.

Er winkte zur Tribüne hinauf, dorthin, wo seine Eltern saßen und sein Vater bestimmt unentwegt seine neue Kamera betätigte. Neben ihnen saß Jan, für den Herr Pape in letzter Minute noch eine Karte besorgt hatte.

Das Spiel wurde angepfiffen. Vor lauter Aufregung verlor Martin in den ersten Minuten gleich zweimal den Ball an seinen englischen Gegenspieler. Aber dann, nach einer halben Stunde, kam seine große Chance. Er fing den Freistoß eines Engländers mit dem Kopf ab, rannte Richtung Tor, umspielte zwei gegnerische Abwehrspieler – und stand direkt vor dem Torwart.

Für einen kurzen Moment stoppte er, erwartete den Abpfiff des Schiedsrichters, wie in seinem Traum, aber als er nicht kam, holte er aus und schoss den Ball unhaltbar für den Torwart in den linken Winkel.

„1:0 für Deutschland durch ein Tor von … Martin Hoffner!"

Seine Mannschaftskameraden umarmten ihn. Zusammen kugelten sie über den Rasen. Der Stadionsprecher nannte erneut seinen Namen und Herr Pape winkte ihm von der Tribüne zu. Die Zuschauer jubelten, und dieser Jubel galt ihm. Er hatte es geschafft!

In diesem Moment wusste Martin, dass Mandy tatsächlich keine Macht mehr über ihn hatte. Er hatte sich freigeschossen.